TRES NOVELAS EJEMPLARES
Y UN PRÓLOGO

LITERATURA

ESPASA CALPE

ÍNDICE

INTRODUCCIÓN

1. LAS TRES NOVELAS EN LA OBRA DE SU AUTOR

Unamuno publicó TRES NOVELAS EJEMPLARES Y UN PRÓLOGO en 1920. La segunda, *El marqués de Lumbría,* se había publicado ese mismo año en la colección *La novela corta,* y la tercera, *Nada menos que todo un hombre,* había aparecido en la misma colección ya en 1916. *Dos madres* debió de escribirse entre las dos fechas. La fecha, como el título y los datos que figuran en la primera página de un libro, pueden ser signos fecundos para la interpretación del texto, ya que la circunstancia suele brindar claves para su lectura. Un breve rodeo por la vida y obra de su autor nos permitirá ver cómo se insertan estas novelas en su lugar y tiempo. Unamuno nació el 29 de septiembre de 1864. A los veinte años se doctoró en Filosofía y Letras en la Universidad de Madrid. En 1891 se instaló como catedrático de lengua griega en la Universidad de Salamanca, de la que fue rector desde 1901 a 1914. En este año el ministro de Instrucción Pública, nombre que se dio al actual Ministerio de Educación y Ciencia cuando fue creado en 1901, destituyó al escritor del rectorado: algunos intelectuales protestaron contra lo que acusaron de arbitrariedad motivada por enemistad política. La polémica en torno al rectorado de Unamuno en 1914 reflejaba por una parte y por otra fomentaba la crisis del sistema político vigente en España desde la Constitución de 1876. En 1917, los militares presentaron al gobierno unas reivindicaciones equivalentes a una rebelión; en Barcelona se intentó formar un parlamento rebelde frente al surgido de las elecciones, y en el verano los trabajadores convocaron una huelga general. Ese año puede tomarse como la fecha simbólica en que la monarquía comienza a perder prestigio en todos los estratos sociales hasta ser derrotada en las elecciones del 12 de abril de 1931. Unamuno participó en las luchas tomando una postura personal contra Alfonso XIII (no contra la monarquía) y en 1923 una postura de principio contra la dictadura del general Primo de Rivera. El general le desterró en 1924 a la isla de Fuerteventura. De allí Unamuno se trasladó a París en julio del mismo año, y en 1927 a Hendaya, donde estuvo desterrado hasta la caída del dictador en enero de 1930.

Al llegar la República, Unamuno fue diputado en las Cortes Constituyentes que prepararon la Constitución de diciembre de 1931. Pronto expresó su decepción con los hombres del nuevo régimen[1], y a partir de febrero de 1936 se convenció de que la República había caído en manos de radicales. Por eso saludó al principio el levantamiento de Franco como el medio de salvar la cultura europea, occidental y cristiana, frente a lo que llamó barbarie asiática que para él era la dictadura soviética de Stalin. Cuando vio y vivió en Salamanca las represalias y asesinatos arbitrarios perpetrados por los franquistas, se recluyó en su casa, donde murió repentinamente el 31 de diciembre de 1936.

---

[1] D. Gómez Molleda, «Aproximación al último Unamuno. El proceso ideológico de don Miguel durante el bienio azañista», en don Gómez Molleda, ed., *Volumen-Homenaje a Miguel de Unamuno,* Salamanca, 1986, págs. 57-99.

La obra de Unamuno es gigantesca en cantidad, y abarca todos los géneros literarios: poesía, novela, teatro y ensayo. Sus temas son muy variados; cultivó constantemente el periodismo y, por consiguiente, estuvo abierto y respondió a los estímulos de cada día. Pero a los más diversos objetos cabe darles un enfoque determinado. Tema es la forma que toma un objeto desde un determinado enfoque. Desde esta descripción el lector puede comprobar que, a pesar de la multitud de objetos de atención impuestos por las circunstancias, los temas de Unamuno son básicamente cuatro: *a*) España, *b*) la religión, *c*) la personalidad y *d*) la creación literaria. Los cuatro reaparecen en todos sus escritos; por eso dijo con frecuencia que toda su obra no es más que la repetición y reelaboración de muy pocas ideas. Por otra parte, él también acentuó sus contradicciones y paradojas y no sólo como un hecho, sino como un derecho defendido abiertamente. Frases como éstas alimentan en algunos lectores el frívolo tópico de que Unamuno es un escritor arbitrario, más interesante por su personalidad que por la coherencia de sus escritos. La repetición de unos pocos problemas que son preguntas esenciales sobre la vida humana garantiza en principio la coherencia del escritor, aunque en algún momento negara tesis mantenidas anteriormente. Pero eso se explica como un caso normal de evolución con respecto a ideas o valores. Cuando Unamuno se contradice, es porque el problema tratado ofrece varias caras distintas y, al tratarlo en artículos de periódico o breves ensayos, presenta en unos un aspecto y en otros el que parece contradecirlo [2].

---

[2]   He estudiado desde esta perspectiva las ideas de Unamuno sobre oralidad y escritura en mi trabajo «Ser y escribir: consistencia de Unamuno y paradojas de la realidad», en *Actas del Congreso Internacional sobre Miguel de Unamuno,* Salamanca, 1989, páginas 331-343.

Reconociendo la constancia de temas y la de su poderoso yo, que se impone desde el artículo «Un viaje a Guernica» (1885) firmado «Yo mismo» hasta su discurso contra los crímenes de la guerra civil el 12 de octubre de 1936[3], es posible detectar en Unamuno una evolución. El criterio para señalar el cambio es el diferente grado de interés que muestra por unos temas u otros en distintos períodos de su vida. En el aspecto más externo, hasta 1913 sólo publicó dos novelas, *Paz en la guerra* (1897) y *Amor y pedagogía* (1902). En cambio, entre los años 1913 y 1921 publica la colección de cuentos *El espejo de la muerte* (1913), *Niebla* (1914), *Abel Sánchez* (1917), *Tulio Montalbán y Julio Macedo* (1920), TRES NOVELAS EJEMPLARES Y UN PRÓLOGO (1920), y *La tía Tula* (1921). Es lógico suponer que veía en la nueva forma un espacio más idóneo que el poema o el ensayo para la expresión de nuevas preocupaciones. Unamuno da la impresión de no respetar las clasificaciones tradicionales de los géneros literarios. Respondiendo a los críticos que veían demasiadas ideas abstractas en sus novelas o poemas, funde y confunde los géneros para llamar la atención sobre el texto concreto y único, y desterrar ideas abstractas de preceptiva que sólo podían cegarnos para el texto. «Ni el verso le quita a una novela

---

[3] «Guernica», publicado en *El Noticiero Bilbaíno,* 31 de agosto de 1885. En *Obras completas (O.C.),* ed. Manuel García Blanco (Barcelona, Ediciones Vergara, 1959-1964), I, 102. Cuando no se indique otra cosa todas las citas de Unamuno se refieren a esta edición de 16 volúmenes. Normalmente señalaré la fecha del escrito seguida del número romano indicador del volumen, y de otro arábigo para la página. Para la biografía de Unamuno ver Emilio Salcedo, *Vida de don Miguel,* Salamanca, Ediciones Anaya, 1970. Sobre la personalidad de Unamuno son proverbiales las palabras de Ortega: «No he conocido un yo más compacto y sólido que el de Unamuno. Cuando entraba en un sitio, instalaba desde luego en el centro su yo, como un señor feudal hincaba en el medio del campo su pendón» (Ortega, *En la muerte de Unamuno* [1937], *O.C.,* Madrid, Revista de Occidente, 1964, V, 265).

su novelería ni la prosa le quita su poesía a un poema. Y una novela es un poema. Cuando lo es, claro. Y cuando no lo es, tampoco es novela»[4]. Muchas veces habla con desdén de la literatura y dice que todo texto debe ser poesía. Pero esa distinción significa solamente que toda escritura debe manar de ideas y sentimientos propios, de una necesidad de expresión y búsqueda que acuña su propia lengua. En este sentido de escritura como creación o invención son poesía una oda de Garcilaso y la *Lógica* de Hegel, porque poema y libro reflejan el mismo anhelo: arañar para ver si desvelamos un poco los misterios de la naturaleza y de la vida. Reconocida esa diferencia entre la literatura como poesía y la literatura como pasatiempo formalista, Unamuno cultiva los distintos géneros literarios en sentido formal, teoriza sobre ellos y experimenta en ellos[5]. Nunca repite un estilo de narración; busca nuevas formas y en algún caso, como en *La novela de don*

----

[4] «Novela, ensayo y estudio» (1921?, XI, 783). Cuando se habla de géneros literarios, es obvio recordar que Benedetto Croce en su *Estética* (1902) ve al género como una categoría secundaria en relación con el texto concreto. Unamuno coincide en algún aspecto con Croce, pero no llega a sus tesis por «influencia» del filósofo italiano. «Unamuno sintió como accidentales los llamados géneros literarios. Sea cual fuere el por él elegido, siempre descubrimos la garra de su personalidad» (Manuel García Blanco, Prólogo a *O.C.*, XII, 9).

[5] No es posible escribir una novela con el tema de un cuento o con el tema propio de un poema lírico. Basta recordar los esfuerzos que hace Cervantes en la primera parte del *Quijote* por construir una novela partiendo de historias que en un principio pueden ser cuentos independientes. En este sentido son certeras las palabras de Ortega: «Entiendo, pues, por géneros literarios, a la inversa que la poética antigua, ciertos temas radicales, irreductibles entre sí, verdaderas categorías estéticas» (*Meditaciones del Quijote*, 1914, en *Obras completas*, I, 366). Por supuesto, hay que precaverse contra las distinciones demasiado claras. El mismo Ortega advierte que no existiría el «tema épico» sin su despliegue en forma épica. Esta advertencia justifica a Unamuno cuando a veces dice que alguna de sus novelas podía ser un poema.

Sandalio, jugador de ajedrez (1933), el experimento es un ejemplo extraordinario de vanguardismo en el arte de escribir novelas.

Si a este género dedica su esfuerzo de manera predominante entre 1913 y 1921, es obvio preguntar por la posible relación existente entre la nueva forma y los temas que en la nueva forma se dramatizan. Las novelas son espacios en los que se estudian modos o aspectos de la vida humana: personajes conscientes e inconscientes, voluntariosos o débiles, amores entreverados de odio, íntimas contradicciones del deseo. En cambio, en esos años queda en un plano secundario el conflicto entre la razón y la fe que le había obsesionado en el período anterior. Estas observaciones permiten hablar de una evolución de Unamuno y ordenar su extensa obra en torno a ciertos núcleos de interés que se corresponden con determinadas fechas. En 1966 propuse la siguiente clasificación en tres períodos: primero, desde la tesis doctoral hasta 1897; segundo, desde la crisis espiritual sufrida ese año hasta la publicación de *Del sentimiento trágico de la vida* en 1912; y tercero, desde la novela *Niebla* hasta su muerte. Los términos que resumen su principal preocupación en cada momento son respectivamente España, religión, personalidad [6].

En 1884 presentó la tesis doctoral titulada *Crítica del problema sobre el origen y prehistoria de la raza vasca*. Los trabajos de aquellos años se ocupan de España, de Castilla y del País Vasco, y del castellano y euskera como expresiones respectivas de las «almas» de sus pueblos. Incluso el ideal socialista que abraza por entonces y que tenía el proyecto de unir a

    [6] C. Morón Arroyo, «*Niebla* en la evolución temática de Unamuno», en *Modern Languages Notes,* 81 (1966), 143-158. Repetí la clasificación en «Unamuno y Hegel» (1972), recogido por A. Sánchez Barbudo en *Miguel de Unamuno* (Col. El escritor y la crítica), Madrid, Eds. Taurus, 1974, págs. 151-179.

los proletarios de todos los países, se funde en él con la premisa de que existen espíritus nacionales. *En torno al casticismo* (1895) estudia al hombre castellano desde ese supuesto, y la expresión artística, simbólica, del mismo principio es la novela *Paz en la guerra.* La primera actividad intelectual de Unamuno se inserta en la psicología de los pueblos o etnopsicología, que era la sociología vigente en su tiempo.

En 1897 experimentó una crisis religiosa, acontecimiento muy conocido entre los estudiosos de Unamuno sobre todo desde el libro de Armando Zubizarreta y la publicación del *Diario íntimo* [7]. A partir de aquella fecha predomina la preocupación religiosa, concretamente las relaciones entre la razón y la fe en torno a la pregunta por la sobrevivencia de la persona humana después de la muerte. Como expresión y programa del nuevo interés puede tomarse el ensayo «Adentro», de 1898, cuyo título refleja la preferencia por lo personal frente a lo social. Ese mismo año prometía publicar unas *Meditaciones evangélicas* escritas en la segunda mitad de 1897 (*O.C.,* III, 11). La obsesión personal le impulsa a leer obras religiosas de los autores más conocidos. Así, dice en 1900: «Desde que leí la *Dogmengeshichte* (Historia de los dogmas), de Harnack, se me abrieron vastos horizontes. Apenas me interesa ya más que el problema religioso y el del destino individual; repelo toda concepción esteticista del mundo» [8]. El concepto fundamental de este

---

[7]   A. Zubizarreta, *Tras las huellas de Unamuno,* Madrid, Taurus, 1960, págs. 111-195.

[8]   Carta a José Enrique Rodó, 5 de mayo de 1900. Cit. M. García Blanco, en prólogo a *O.C.,* XVI, 7. Adolf von Harnack (1851-1930), célebre teólogo, profesor de historia de la Iglesia sucesivamente en las universidades de Leipzig, Giessen, Marburg y Berlín. «Oyendo a Harnack y sus principales colegas se podía entender por qué la universidad de Berlín, aunque es una de las más recientes, es la más importante universidad del mundo» (A. D. White, *Autobiography,* Nueva York, The Century Co., 1917, II, 180).

período del pensamiento de Unamuno es el de sentimiento trágido de la vida. Lee a Kierkegaard, planea
el libro *Tratado del amor de Dios,* publica *Mi religión
y otros ensayos breves* (1909) y finalmente *Del sentimiento trágico de la vida en los hombres y en los
pueblos,* en artículos separados durante el año 1912 y
después en forma de libro.

La novela *Niebla* (1913), primera obra extensa
publicada después del *Sentimiento trágico,* anuncia
un nuevo interés. En esta novela el tema religioso
cede en importancia ante el análisis de las contradicciones íntimas de la personalidad. Y desde *Niebla* a
La tía Tula de 1921, Unamuno escribe la mayoría de
sus novelas. Durante estos mismos años compone *El
Cristo de Velázquez,* poema en el que Cristo, el *Tú*
objeto de la oración del poeta, es la personalidad
ideal, la luz y la voz que nos descubre la tiniebla del
Padre. Hay tres obras de Unamuno: la *Vida de Don
Quijote y Sancho, El Cristo de Velázquez* y *San
Manuel Bueno, mártir,* que son como tres síntesis o
testamentos espirituales; en ellas se funden los cuatro
temas que le obsesionan y que hemos catalogado
antes: la identidad española, la inmortalidad del
individuo, la personalidad y la creatividad.

Esta clasificación no debe entenderse en ningún
sentido rígido. Es puramente inductiva y sólo quiere
servir como una pauta para abrir estelas en el mare-
mágnum de una obra tan rica. De hecho la evolución
es cumulativa; cuando Unamuno se interesa por lo
religioso no abandona el tema de España [9], y cuando
dedica mayor atención a la identidad del yo, esa
identidad surge siempre en una sociedad que para él
es España y culmina en la pregunta por el sentido

---

[9]   El discurso de 1901 en los Juegos Florales de Bilbao, cuatro
años posterior a la crisis, trata de la identidad del pueblo vasco y
de las relaciones entre el euskera y el castellano, exactamente como
los escritos del primer período. Ver *O.C.,* VI, 326-343.

último de la vida, en lucha con Dios. En la primera
época son básicos los conceptos historia-intrahisto-
ria. Esta palabra desaparece en seguida del vocabula-
rio de Unamuno y es sustituida por naturaleza-histo-
ria. A la historia responde el tiempo que pasa; a la
intrahistoria, la eternidad que queda. Estos conceptos, acuñados en los primeros escritos, se repiten en
todos los posteriores. En el período religioso los
conceptos básicos son razón y fe, cuya relación, más
bien distancia, está formulada en el capítulo VI de
Del sentimiento trágico, titulado «En el fondo del
abismo». La *Y* de razón *y* fe es el abismo; en esa
cópula o guión flota la existencia del hombre. Ahora
bien, por su rebelión contra la muerte y por su
voluntad constructiva Unamuno convierte el abismo
en roca donde crear, creer y vivir. Desde el abismo Unamuno, como Prometeo, regala fuego y cons-
truye, no deconstruye, como se ha hecho y dicho en
los últimos veinte años. En esto se distingue el
sentimiento trágico de un sentimiento nihilista de la
vida, si bien los dos coinciden en la base de salto: el
vacío. «El fondo del abismo» es la realidad radical de
la metafísica de Unamuno [10].

La época de la novela es la época de preocupación
por las íntimas contradicciones de nuestra personalidad. El sentimiento trágico persiste y hay continui-
dad entre el libro así titulado y las novelas. Pero el
sentimiento trágico se centra ahora sobre la falta de
centro en nuestro yo. Amores que son odios y odios
que aman; compromisos políticos y religiosos que
son espectáculo y el espectáculo como dimensión

---

[10]   Repito una idea que expuse por primera vez en 1971. Ante
las últimas preguntas y aspiraciones del hombre sólo caben cuatro
sentimientos básicos: nihilista (negación del sentido), místico (afirmación desde la confianza en Dios Padre), cómico (distraerse del
problema) y trágico: la congoja entre la afirmación y la negación.
C. Morón Arroyo, *Mística española* (antecedentes y Edad Media).
Madrid, Ediciones Alcalá, 1971, págs. 10-13.

visible de la verdad. La vida como sueño y el sueño
como vida. El sentimiento trágico estudia la escisión
íntima de la persona en este mundo, no sólo el ansia
de vivir en el otro. En este sentido existe discontinui-
dad entre *Del sentimiento trágico de la vida* y el
período de las novelas. La novela, como dijo certera-
mente Julián Marías en 1943, es para Unamuno un
método de conocimiento del hombre[11]. *El Cristo de
Velázquez,* escrito entre 1913 y 1920 (fecha de su
publicación), se inserta perfectamente en este período
ya «humanista», cismundano, del sentimiento trágico. Cristo es el hombre ideal que nosotros, hombres
de la tierra (virgen madre), damos a luz y proyecta-
mos al cielo como una luna (Cristo) para que sea luz
de nuestra noche[12]. En esta preocupación se insertan
también las TRES NOVELAS EJEMPLARES Y UN PRÓ-
LOGO. En ellas funde Unamuno historias bíblicas con
anhelos de hombres y mujeres de nuestro tiempo y
lugar. Las resonancias bíblicas confieren una dimensión cósmica a la vida diaria y, a su vez, las historias
bíblicas brillan en toda su verdad cuando todos los
hombres las experimentamos como nuestras. Todos
llevamos dentro algo de Caín y de Jacob. Junto a las
historias bíblicas, actúan como arquetipos los caracteres de la literatura clásica. Todos tenemos algo de
Don Quijote, de Sancho y de don Juan. Todos somos
Augustos Pérez; Pérez, un don nadie sujeto a dolores
trágicos y situaciones cómicas; pero esa vida es el

---

[11] J. Marías, *Miguel de Unamuno* (1943), cap. IV, Madrid,
Espasa-Calpe, Col. Austral, núm. 991.
[12] Para la historia de la composición de *El Cristo de Velázquez,*
ver M. García Blanco, *Don Miguel de Unamuno y sus poesías,*
Salamanca, Eds. de la Universidad, 1954, págs. 209-238, y Víctor
García de la Concha, Introd. a *El Cristo de Velázquez,* ed. crítica,
Madrid, Espasa-Calpe, 1987, págs. 21-43. *La agonía del cristianismo* (1924) funde también el sentimiento trágico de la personalidad
con el religioso, pero se ocupa más de las contradicciones del
cristianismo en este mundo que de la inmortalidad.

epos esencial, el objeto de un posible poema épico mejor que las victorias de un emperador: Augusto.

2. LOS TEXTOS

La historia de la composición de las tres novelas y de las menciones que hace Unamuno en su correspondencia, la trazó con su conocido rigor y claridad don Manuel García Blanco[13]. El calificativo «ejemplares» nos recuerda el de las novelas de Cervantes. En el prólogo declara Unamuno que las presenta como ejemplos de lo que debe ser la novela de nuestro tiempo. No pretenden, pues, aconsejar modos de comportamiento, sino modos de concebir y escribir novela. Si este estudio fuera un artículo de revista, sería útil un resumen del argumento poniendo de relieve los aspectos que nos parecieran más importantes en la estructura de los textos. Pero aquí el lector agradecerá que no le contemos la película antes de verla y que no tratemos de prescribirle el camino de su lectura. Mi introducción pretende estudiar los personajes, la estructura, los signos y temas fundamentales, y el significado ético de las obras. Pero quisiera invitar a leer, conducir a los textos, no ser una barrera.

Dos madres comienza con una exclamación: «¡Cómo le pesaba Raquel al pobre don Juan!» Dos nombres, dos símbolos y muchas resonancias. Raquel es la pasión de la maternidad, esa pasión que constituye para Unamuno la esencia de lo femenino y que se expresa como un arquetipo en la Raquel esposa del patriarca Jacob:

---

[13]   Prólogo a *O.C.,* IX, págs. 23-31. Ver también R. Gullón, *Autobiografías de Unamuno,* Madrid, Gredos, 1964, págs. 178-193, e I. Elizalde, *Miguel de Unamuno y su novelística,* San Sebastián, Caja de Ahorros Provincial de Guipúzcoa, 1983, pág. 91.

«Y viendo Raquel que no daba hijos a Jacob, tuvo
envidia de su hermana y decía a Jacob: dame hijos, o
si no, me muero. Y Jacob se enojaba contra Raquel y
decía: ¿Soy yo en lugar de Dios, que te impidió el
fruto de tu vientre? Y ella dijo: He aquí mi sierva
Bilha; entra a ella y parirá sobre mis rodillas, y yo
también tendré hijos de ella. Así le dio a Bilha su
sierva por mujer y Jacob entró a ella. Y concibió
Bilha y parió a Jacob un hijo, y dijo Raquel: juzgóme
Dios y también oyó mi voz, y dióme un hijo; por eso
le llamó Dan. Y concibió otra vez Bilha, la sierva de
Raquel, y parió el hijo segundo a Jacob, diciendo
Raquel: con luchas de Dios he contendido con mi
hermana, y he vencido. Y llamó su nombre Nephta-
lí» (Gen. 30, 1-8).

En la Raquel de la novela «había abismos a que
ella, Berta, no lograba llegar. Ni lo intentaba, pues
sólo el asomarse a ellos le daba vértigo. Y luego
aquellas canciones de cuna en lengua extraña» (página 98). ¿En qué lengua cantaría Raquel sus canciones de cuna? En el habla que usan el hombre y la
mujer antes de articular signos convencionales de
lenguas codificadas. La matriarca Raquel habla con
un decir anterior a las lenguas, desde una tiniebla
anterior a todo texto, a toda razón. Raquel, ansia
frustrada de maternidad, habla desde el infierno de
un vientre estéril (pág. 69). El vientre estéril es el
fondo de su abismo, su sentimiento trágico.
En la sima se bucea en movimiento perpetuo que
no encuentra su blanco. Por eso Raquel buscaba
dentro de su hombre algo de más allá de la vida. Y el
hombre, don Juan, aniquilado por la fuerza de la
mujer, nada menos que toda una mujer, tiene el
presentimiento de que ella, con su amor furioso, le
matará. Para esta caracterización Unamuno se deja
llevar del poder expresivo de la lengua española y de
los místicos. La pasión de Raquel es desesperación,
gana y real gana, «nada» (Miguel de Molinos) desde

la cual se salta a la nata, a las cosas. Las cosas son *res* (1918, V, 992), reses, fuerzas primarias del hombre antes de acomodarse a las convenciones de la razón. Por eso Raquel habla un lenguaje de «ultratumba» y de «trascuna», es viuda desde antes de nacer, porque su hombre murió antes de que ella naciera (pág. 87). Es, pues, un deseo elemental, como el Cristo «precristiano y poscristiano» (XIII, 843) de las Claras de Palencia.

La originalidad de Unamuno aparece patente cuando se comparan los términos definidores de sus caracteres con la visión del hombre en autores de su tiempo y el nuestro que han formulado ideas desde la misma imagen fundamental del abismo. Freud ve al yo humano como una íntima escisión de tres estratos: una fuerza primigenia instintiva *(id)*, el yo consciente, y un superego, conciencia moral que dirige o reprime los impulsos de la fuerza primigenia y del ego. Esta conciencia normativa se nos introduce desde la primera niñez por las reglas y prohibiciones del padre. La imagen básica se parece a la de Unamuno; los dos ven la persona como un forcejeo entre la expresión y fuerzas ocultas. Pero la fuerza oculta de Freud es un instinto que se opone a la razón; en Unamuno es una pasión, anhelo, congoja, «cardíaca», más honda y lúcida que la razón. Su nombre técnico es «sentimiento trágico». El sentimiento trágico no es irracional, instintivo o inmediato, sino suprarracional, es una afección lúcida del hombre todo. El sentimiento habla un lenguaje primigenio, anterior a toda lengua socializada; un lenguaje poético.

En el ensayo «Timpanización de la filosofía», Jacques Derrida ve la cultura como una página escrita que nunca podemos someter a crítica radical porque no podemos salir de ella. Para criticar la cultura, las líneas del sentido, tendríamos que salir fuera de ella, al margen vacío. Sólo dos pensadores, dice Derrida, han logrado el máximo de salida que hoy podemos imaginar: Marx y Freud. Cada uno en su estilo, y Derrida con ellos, se quedaron en el mundo de los conceptos, descubriendo con la razón los límites de la razón. Unamuno rompe el tímpano de la filosofía con el sentimiento, desvelando la raíz de un deseo que sólo encontraría su roca en la presencia de un Dios que nos garantice la vida eterna. Lo que diferencia a Unamuno de estos pensadores modernos y de Schopenhauer, como veremos después, es siempre Dios. El mundo de las apariencias, este mundo, se sostiene para los autores citados sobre la voluntad, el instinto y la nada; sobre realidades no aparentes de este mundo. Para Unamuno las realidades aparentes y profundas de esta vida están religadas a Dios, ausente y fugitivo, que aparece como tiniebla, como deseo. Pero sólo él garantiza realidad debajo de los sueños: «porque si tú existieras / existiría yo también de veras». Freud lee las historias bíblicas como alegorías de experiencias puramente humanas. Unamuno ve en las experiencias humanas la huella divina, que se revela en la naturaleza del hombre y en las historias bíblicas.

Raquel vive con Juan en unión que no ha pasado por el sacramento eclesiástico y por el procedimiento civil del matrimonio. Pero, según el autor, la casa de Raquel y don Juan es pura como un monasterio. Ella, la mujer, le ha limpiado el cuerpo y el espíritu, liberándole de la dispersión con las mujeres. Pero al purificarle el deseo, Raquel le aniquiló la voluntad. Don Juan servirá como engendrador del hijo, ni siquiera será padre. Son dos madres las que se disputan la niña y él es otro hijo de disputa, que termina siendo aniquilado. Al principio don Juan tiene el presentimiento de que Raquel le dará muerte, y lo presentido se cumple.

Don Juan encarna una de las varias versiones que dio Unamuno del mito clásico de nuestra literatura.

El don Juan de *El burlador de Sevilla* (1625?) es un seductor frío y rufianesco, incapaz de amor y capaz de todo crimen. Por sus muchos pecados y por diferir presuntuosamente el arrepentimiento se condena al infierno. El don Juan Tenorio de Zorrilla comete muchos crímenes, pero es capaz de amor. El amor verdadero a doña Inés produce en él finura y lealtad, virtudes que le conducen al arrepentimiento y salvación. Las dos caracterizaciones presentan a un hombre joven y pasional sin ningún freno de este mundo o del otro (excepto doña Inés en Zorrilla).

Los hombres del 98, en cambio, se gozaron en imaginar al seductor cuando ya había dilapidado su salud y su fortuna. Azorín y Machado le pintan viejo, conservador y morigerado. Para Unamuno don Juan es el personaje sensual, «el peliculero», o sea, el disipado ante cualquier impresión. En cambio, don Quijote es «el continente y discreto, no el botarate de don Juan Tenorio» (1923, X, 565). Su primera visión de don Juan se vería reforzada por la de Kierkegaard, que lo describe como la pura conciencia inmediata, anterior a toda reflexión. Don Juan es el puro sentido, anterior al nivel de inteligencia; por eso, dice Kierkegaard, don Juan no habla, sino que es el carácter musical por excelencia. Unamuno coincide con Kierkegaard en ver al personaje como pura sensualidad, pero ya con un cierto nivel de inteligencia. Don Juan es para Unamuno un carácter teatral, no musical. Vive de la apariencia y en ella habla la lengua vacía y tópica de quien no tiene centro.

Tradicionalmente don Juan es el seductor. Unamuno en *Dos madres* le presenta como el seducido, la víctima de las mujeres. El rasgo que le define en la obra es la falta de voluntad. El seductor seducido está paralizado por su rendimiento a Raquel; y, como no tiene voluntad, ese rendimiento no es un amor gozoso, alto y profundo, sino amor de esclavo, un peso, una prisión. Si la novela gana en riqueza de

significado por la referencia a Raquel, esposa de
Jacob, la gana en segundo término como recreación
del tipo de don Juan, y en un tercero, como dramatización moderna del juicio de Salomón. Unamuno ha
dramatizado el juicio en dos planos; en el primero y
más visible, las dos madres se disputan la maternidad
de la niña; y en el segundo, se disputan a don Juan, el
hijo también de las dos, que no encuentra clemencia
en ningún rey sabio, y termina desgarrado (Cap. XI).

La otra madre es Berta Lapeira, esposa y madre
según la ley. Aunque no existen referencias de lugar y
tiempo, el drama humano tiene lugar entre miembros
de una familia burguesa española de hacia 1920. Los
señores Lapeira son buenos ciudadanos, viven de una
fortuna en quiebra y cumplen celosamente los pre-
ceptos de la Iglesia y el Estado. Berta, la hija, siente
en su conciencia la obligación de redimir a don Juan
de su unión ilícita con Raquel y acepta lo que el
matrimonio puede tener de martirio. Berta es la
razón frente a la pasión; la otra. Pero siente una
honda admiración por la mujer a la que sustituye. En
la lucha entre las dos, llegan a un acuerdo. La razón
burguesa se somete a la pasión trágica, el cuerpo que
pare hace las paces con el espíritu que concibió. Las
dos madres terminan siendo una [14].

El marqués de Lumbría. Unamuno repite varias
veces que se propuso eliminar el paisaje de sus
novelas para concentrarse en la pasión de sus agonistas. *El marqués de Lumbría* es una excepción, los

---

[14]   Ante los ejemplos de desdoblamiento de la personalidad o
de gemelos rivales en Unamuno, se puede traer a colación el libro
de René Girard *La violencia y lo sagrado*, en el cual se estudia la
«rivalidad mimética» como un mecanismo que perpetúa la violencia en la sociedad. Sin duda, Unamuno presenta en algunos casos
este aspecto, pero en *Dos madres*, la rivalidad mimética tiene un
objeto definido: el hijo. La rivalidad no se presenta como arbi-
traria.

protagonistas no parecen ser los personajes, sino el palacio. En él vamos a descubrir tres marqueses, ¿cuál da su título a la novela, el abuelo o los nietos? En las tres novelas que constituyen el libro los padres de las protagonistas actúan en un plano secundario, pero importante en la lógica de las respectivas acciones. Y curiosamente se descubre una gradación en sus rasgos morales. Los padres de Berta en *Dos madres* reflejan lealtad a don Juan y una fe religiosa entreverada de interés por la angustia económica. El viejo marqués de Lumbría sólo vive del honor vacío que asocia con los blasones familiares. El padre de Julia en *Nada menos que todo un hombre* está dispuesto a vender a su hija para mantener su fortuna. No atribuyo esta gradación a la intención de Unamuno, pero al margen de la intención refleja, el texto presenta diversos aspectos de la burguesía o nobleza españolas, como los veía su autor. En el retrato de estos personajes y ambiente el autor de las novelas establece un diálogo con su lector por encima de los protagonistas, creándose dos planos de discurso: el de los personajes entre sí, y el de la ironía: don Miguel de Unamuno haciendo señas al lector sobre la posición económica y los criterios morales de sus criaturas.

El palacio está cerrado al aire y al sol. Es archivo, tradición, conservadurismo, honor vacío, palabra vacía, oscuridad en la que dormita «el marasmo actual de España» [15]. En esta casa oscura, frontera de una catedral barroca y pesada, vive un marqués viejo que juega al tresillo con un canónigo, un beneficiado y el registrador de la propiedad. Son lo que en frase

[15] Título del ensayo quinto de *En torno al casticismo* de 1895. No establezco ninguna correspondencia alegórica o simbólica entre la marquesa soñolienta y el estado de la nación. Lo que hay es resonancias por la constancia de las imágenes y del lenguaje de Unamuno cuando habla de España en general o de estos personajes particulares.

popular vacía se llaman fuerzas vivas del pueblo; en realidad, almas muertas. El marqués tiene dos hijas, víctimas de la «formalidad» y sedientas de «fundamentalidad», es decir, de ser madres. Cuando en la casa entra el hombre, las dos hermanas se convierten en Esaú y Jacob femeninos. El signo fundamental del odio es el silencio. Carolina, la hermana mayor, se hace madre de un hijo de pasión y es sacrificada a las exigencias de un matrimonio legal contraído por Luisa, la hermana pequeña. El viejo marqués, que sólo desea perpetuar su título, al darle Luisa el heredero legítimo, muere feliz, como el anciano Simeón cuando ve a Cristo.

En estas uniones matrimoniales y extramatrimoniales no se habla nunca de amor. Son relaciones trágicas, silenciosas, sin expresión de gozo. Tristán, el hombre, no es más que otro reo de la audiencia de Salomón, Adán caído por la seducción de Eva (página 122). Eventualmente, cuando los hijos de Carolina y Luisa, hermanos de padre, se encuentren, se convertirán en Caín y Abel. Carolina, la Agar expulsada, termina imponiendo el derecho de su hijo como heredero del abuelo, el derecho del marqués de sangre roja frente al de sangre azul (pág. 119). A los nacidos fuera de matrimonio se los llamaba en España hijos del pecado (pág. 118). Para Carolina el hijo del pecado es el del matrimonio convencional. El marqués de sangre roja abrirá los balcones del palacio al sol, al aire y a las moscas, las moscas vulgares «que evocan todas las cosas» (Machado, XLVIII); al pueblo. En el entramado bíblico, *El marqués de Lumbría* presenta la evolución ideal de una casa lóbrega que se salva «chapuzándose en pueblo», abriendo sus balcones al aire de la calle.

Además del trasfondo bíblico y de las connotaciones sociales, el lector descubre semejanzas con espacios o hechos de otras obras literarias. El palacio cerrado recuerda la casa amurallada de *El celoso extremeño* de Cervantes. Los valores de la familia, que preparan el destino de Carolina, recuerdan la casa de los Rondaliego del cuento *Doña Berta* de Clarín. Por otra parte, es muy verosímil que *El marqués de Lumbría* haya inspirado *La casa de Bernarda Alba* de Lorca. El palacio, la tristeza, el deseo reprimido y la lucha de las hermanas por el mismo hombre son motivos comunes. Por supuesto, la tragedia de Lorca es absolutamente original en su realización artística. Las dos obras, sin embargo, contienen un mensaje ético-social, aunque diferente. Bernarda Alba es el dictador que manda una sola cosa: callar. Los que enseñamos humanidades en la universidad y asistimos a la tergiversación del lenguaje perpetrada por todo tipo de propaganda, vivimos en la propia carne la tiranía de Bernarda Alba y la lucidez de Lorca cuando encarna en ella la ley del silencio. El mensaje de Unamuno es más abstracto. Desenmascara la falsedad, pero no condena, porque la estudia como un hecho inherente a la naturaleza, en una línea difusa entre la conciencia y la inconsciencia.

Nada menos que todo un hombre es la novela más compleja de la colección. Los varios problemas que presenta hubieran dado a otro autor ocasión para un desarrollo más extenso. Pero en su prólogo Unamuno tritura de antemano los posibles deseos del lector. El primer personaje que encontramos es Julia, mujer a la que se describe como la mayor belleza de la región, pero que «sentía sobre sí la pesadumbre de un porvenir fatal» (pág. 127). Julia comienza siendo para su padre objeto de cambio con el cual piensa evitar la bancarrota y salvar «la honra de la familia». En defensa contra el padre, Julia se confía sucesivamente a dos amantes: el primero es un don Juan sensorial que sólo busca lucirse con ella como espectáculo; el segundo, más sincero, ama con excesivo sentido común. Busca la finalidad de sus acciones, no la energía visceral del amor. Por fin aparece Alejandro Gómez, todo un hombre, por el que Julia siente fascinación y llega a sentir amor verdadero, pero con miedo.

A diferencia del don Juan de *Dos madres,* Alejandro es un hombre de voluntad, voluntad que se impone cuando dice «yo», «a mí». Tiene y aparenta una rudeza campesina. Cuando Julia le ve, siente en él al hombre. Sin duda este personaje fue concebido por Unamuno desde la fórmula de Schopenhauer, para quien el cerebro es el órgano de la representación y los testículos la sede de la voluntad. Alejandro es un indiano, que aparece en Renada, dueño de inmensa fortuna y sin historia, hijo de sus obras. Unamuno estudia en estos personajes el poder de la tradición y del lenguaje heredado sobre cada uno de nosotros. Alonso Quijano se bautiza y cobra nuevo ser en Don Quijote. Los místicos tienen un vuelco en su personalidad que se llama transformación, en la cual abandonan el hombre viejo. Esas experiencias son transferibles a cualquier persona que vence el nivel del sueño y abraza entusiasmada un proyecto de futuro. Alejandro es puro porvenir. Unamuno decide aquí el rasgo básico de su personaje, aunque es posible que el autor haga decisiones demasiado fáciles y, por tanto, arbitrarias. En 1904 había publicado Pirandello *Il fù Mattia Pascal.* En esta novela el protagonista, al que un día dan por muerto, se cambia de nombre y pretende vivir con la nueva identidad. Pero en todo momento se encuentra con la necesidad de construirse un pasado que explique su presente. Desesperado de las máscaras siempre ilógicas que tiene que ponerse, decide volver a su raíz, recobrarse. Pero entonces la mujer que dejó se había vuelto a casar, es decir, el mundo a su alrededor había cambiado contando ya con su muerte. Y lo mejor que puede hacer es retirarse, morirse de ver-

dad. De hecho, también Alejandro tiene un pasado
que reaparece en los rumores sobre su primer matrimonio y sobre la muerte de su primera mujer (página 144).

Julia se siente atraída por Alejandro. Siente verdadero amor, pero, como ha sido para todos puro
medio de especulación, no ama como libre, sino
como esclava. Las palabras más repetidas en toda la
novela son las del comercio y la esclavitud o cautive-
rio: venta, redención, conquista (pág. 131). Julia se
tortura porque el marido no le expresa nunca amor
con palabras o gestos. En este punto entra un nuevo
personaje, el conde de Bordaviella. El conde es un
noble heredero venido a menos, sensible y sentimental. Dolorido de los devaneos de su mujer, encuentra
en Julia una confidente con la que puede comentar
sus desilusiones. Ella a su vez va siendo ganada por el
hombre que tiene corazón, no sólo voluntad.

Alejandro cura de raíz la atracción sentimental
creando —las crea de manera magistral el novelista
Unamuno— dos escenas en que Julia y el conde
sucesivamente tienen que verse como locos. No voy a
quitarle al lector la sorpresa del descubrimiento des-
cribiendo cómo se produce la ilusión de las alucinaciones (pág. 149). En el capítulo 46 de la primera
parte del *Quijote*, la autoridad del señor como saber y
poder se impone sobre Sancho y hace que el escudero
niegue lo que ven sus ojos. Lo que ve como bacía de
barbero se le convierte en baci-yelmo por la autoridad de su amo. Alejandro Gómez ejerce la misma
fuerza sobre Julia y el conde. Unamuno dramatiza el
poder que tiene la lengua para determinar nuestra
visión de la realidad. La lengua produce en Bordaviella y Julia transformaciones que remueven y remejen
sus almas y los hacen flotar entre la realidad y el
sueño.

Julia, la belleza monumental de Renada, se quiebra
ante la tortura mental y sentimental. Cuando está

cerca de la muerte, el marido rompe un instante la
costra de macho que le había impedido expresar su
amor. El lector se entera de que Alejandro amaba
hondamente a su mujer, pero no podía confesarlo
porque creía que eso era cosa de novelas. Incluso a su
hijo no quiere besarle porque, según la convención de
la hombría, besar a un hijo es hacerle débil y
enfermizo. La idea de que la expresión del cariño «no
es de hombres» —un código estúpidamente transmi-
tido en frases vacías del pueblo español (pág. 143)—
había creado un témpano de hielo entre él y su mujer,
cuyo resultado había sido la mutua tortura. En la
novela anterior hemos visto el silencio por odio. En
ésta se dramatiza la tragedia de un amor en silencio,
que puede conducir al crimen. Porque el silencio
quizá no mate, pero puede hacer morir (pág. 163).

La voluntad de Alejandro se impone a todos los
personajes de la novela. Sólo se ve burlada por Dios.
Dios y la muerte se resisten a la compra y a la
conquista. Con el motivo religioso Unamuno se eleva
sobre el puro análisis de la persona y rememora su
batalla con Dios. Aquí se supera el horizonte de
Schopenhauer [16]. La voluntad desfallece, pero no cae
en el nirvana. En este caso, el sentimiento trágico
acaba en el suicidio, como en *Romeo y Julieta,* para
empezar a vivir con la mujer amada, hablando, sin
témpanos de hielo.

Un motivo fundamental en toda la novela es la
relación entre vida y literatura. Todo cuanto conten-
ga referencias al pasado y al amor es para Alejandro
romanticismo, fruto de las novelas y el teatro. Ahora
bien, Unamuno, al pintar la «obra» de Alejandro

---

[16]   «Pasando y examinando vuestros santuarios hallé un altar y
en él escrito: al Dios desconocido; al cual, que desconociéndolo
honráis, os anuncio. Es el Inconocible de Spencer, La Voluntad de
Schopenhauer, el vago Ideal de nuestros atenienses» (*Diario íntimo,* Madrid, Alianza, 1970, pág. 196).

como una carrera hacia la muerte, no le da como ejemplo del hombre ideal, que es la perfecta proporción de rasgos masculinos y femeninos.

En estas novelas Unamuno pinta a la mujer exclusivamente como una pasión de maternidad; no ama al hombre sino que le toma como medio para realizar su anhelo. Si a ese rasgo añadimos la atmósfera de arquetipos literarios clásicos y bíblicos, se explica que la mujer en estas novelas sea fría, seca, o insegura como Julia. Incluso cuando el autor nos dice que los protagonistas se aman, ese amor no es nunca un gozo confiado. Sin embargo, prescindiendo de las mujeres que aparecen en estas obras, Unamuno asocia con la feminidad muchos valores positivos que deben estar presentes en el varón. En la medida en que feminidad y masculinidad se oponen tendríamos esta doble columna:

Feminidad	*Masculinidad*
Cabeza	Brazo
Inteligencia	Fuerza
Sensibilidad	Brutalidad
Sentimiento trágico	Fanatismo
Intelectuales	Militares

Ya en *En torno al casticismo* (1895) opone la sensibilidad a «las voliciones recias» que al español le salen de los genitales. Cuando en 1924 el general Primo de Rivera trata de gobernar a la nación con el simplismo de un cuartel, Unamuno asocia brutalidad, masculinidad y militarismo. Como se ve, la oposición entre lo masculino y lo femenino, que en un principio parece tener un sentido exclusivamente culturalista, adquiere en el pensamiento de Unamuno un significado político.

El ideal de hombre para Unamuno es don Manuel Bueno, el párroco de Valverde de Lucerna, no Ale-

jandro Gómez. Alejandro es nada menos y nada más
que todo un hombre. Don Manuel es un «varón
matriarcal», es decir, el varón con rasgos femeninos: comprensión, abertura, capacidad de expresar el
amor. El Cristo de las Claras de Palencia «es la gana,
la real gana» (todo un hombre); el de Velázquez, «el
Verbo que se encarnara en carne vividera» (varón
matriarcal) (XIII, 841).

3. PRÓLOGO A UN PRÓLOGO

De una introducción quizá se espere un juicio
sobre la calidad de estas novelas. Pero tiene poco
sentido que nosotros le dictásemos ahora al autor lo
que, a nuestro parecer, tenía que haber hecho. Es más
rentable estudiar su propia explicación o postura
refleja, contenida en el prólogo. Los conceptos fundamentales de este texto son los siguientes: novela/
nivola, realismo (secciones II-IV), individuo y humanidad (V), literatura y vida (VI).

En el capítulo 17 de *Niebla* Víctor Goti le dice a su
amigo Augusto que está escribiendo una novela que
se va haciendo como la vida, sin argumento ni plan
previo. Los personajes se hacen hablando y la novela
sólo consta de diálogo. Augusto comenta que eso no
es propiamente una novela y Víctor responde que la
llame *nivola* (II, 895). Con este término, cuya fortuna
es para Unamuno síntoma de la pereza mental de los
críticos que se extasían ante simples bromas, el
escritor afirma que sus textos son auténticas novelas
y señala su desacuerdo y distancia de la novela
predominante en su tiempo. La teoría de cómo crear
caracteres tiene en Unamuno dos aspectos que pueden llegar a contradecirse. El primero, sostenido por
Goti en *Niebla,* es que los caracteres deben hacerse
hablando. El segundo, formulado por el autor en este
prólogo, es que un personaje se define por un rasgo

esencial que sirve de núcleo a una constelación de manifestaciones aparenciales. Augusto Pérez, definido en los primeros treinta capítulos de *Niebla* como un paseante y caminante de la vida, encarna la primera fórmula; Raquel, Luis y Alejandro Gómez en estas novelas, la segunda. Las dos son igualmente verdaderas, ya que el hombre es un péndulo que se mece entre la vida y el sueño, entre la energía exuberante (yo compacto) y la evasión depresiva (yo disperso, que sólo se recoge hablando).

Pero los diálogos o narraciones desnudos de toda circunstancia exterior son acusados de conceptualismo filosófico y de falta de realismo (pág. 53). Unamuno responde advirtiendo lo ambiguo del término. Ya Ortega había dicho en 1911: «incómoda palabra». El libro *Spanish Realism* de Jeremy Medina da una especie de mapa de los múltiples sentidos que ha tenido la palabra en la historia literaria y, como es de suponer, no los agota todos. Unamuno llama realismo al análisis o más bien revelación y dramatización de unos rasgos primarios del carácter literario (Raquel, don Juan, Alejandro Gómez en estas novelas), rasgos que son a su vez estudio de la persona de carne y hueso. Siendo estudio de los sentimientos hondos de un individuo, lo son igualmente de toda la humanidad. En el deseo de ser madre que muestra Raquel, Unamuno pretende retratar el deseo primario de la mujer; en la indecisión de su marido don Juan, la inseguridad y la íntima escisión de la mayoría de los hombres, incluso cuando aparentan estar por encima del bien y del mal. Para Unamuno el análisis de esos rasgos primarios de la persona humana, al margen de toda circunstancia de lugar, tiempo y ambiente, es más realista que los personajes e historias vagos («crepusculares» los llama él, página 55), configurados por tales circunstancias. No obstante, tampoco él supera del todo lo que llama realismo crepuscular. En estas tres novelas los padres

de las protagonistas y la sociedad en la que actúan
—los compadres de juego del marqués de Lumbría o
los acreedores de Alejandro— filtran en la escena la
vida vulgar de sus ciudades. Y sobre todo, las
madres. Las protagonistas de primer plano se afir-
man como víctimas o verdugos. Pero sus madres sólo
aguantan a los maridos y a las hijas, o dormitan
amodorradas en el salón oscuro, como la estéril
marquesa. Las protagonistas representan un realismo
de excepción; sus madres, el de la realidad vigente, el
crepuscular.

Esa literatura que parece tan abstracta es para
Unamuno el mejor reflejo de la vida, ya que los
resortes básicos de la conducta se repiten en todos los
hombres. Por eso la literatura auténtica es siempre
vida; escribir y leer son modos de estudiar la realidad,
no esfuerzos por crear o apreciar formas ingeniosas.
La palabra (y la escritura como forma especial de la
palabra) es o se hace realidad, porque la palabra es la
conciencia de la persona y, en definitiva, somos
personas por la conciencia reflexiva. La literatura es
realidad porque, una vez producida, se objetiva como
una cosa/causa cultural y económica con su impacto
positivo o negativo. Pero es también realidad porque
fuera de ella no hay nada. La conciencia es habla. Un
texto publicado es un habla que ha pasado por varias
correcciones, pero aun en su última versión no deja
de ser habla con un alto grado de improvisación. La
vida humana se realiza entre un momento espontá-
neo e impulsivo y una mediación que revierte sobre la
espontaneidad condicionando la espontaneidad del
momento siguiente. No existe, pues, la espontaneidad
en el hombre, pues toda reacción espontánea está ya
condicionada por la experiencia de la vida anterior.
Nuestra vida está siempre mediada por la literatura,
que puede ser la palabra vacía y ofensiva de los
ambientes vulgares o la conformada por el *Cántico
espiritual* de San Juan de la Cruz. El misterio de la

palabra consiste básicamente en esto: sin la palabra, que es conciencia, el hombre no existe. A su vez, la conciencia y la palabra pueden falsificarnos. La mejor manera de conocerme es escribir un diario; pero al escribir puedo construirme una personalidad falsa que condiciona mi conducta subsiguiente. Unamuno dramatizó este misterio de ser y conciencia en su *Diario íntimo,* en *Vida de don Quijote y Sancho* y especialmente en *Cómo se hace una novela.* Y su vida fue un flotar entre el fondo y la forma, buscando en el texto la verdad. El error trágico de Alejandro Gómez consistió en querer hacerse un alma despreciando la expresión de los sentimientos como «cosa de literatura». Cuando ya es demasiado tarde, reconoce que el verdadero hombre no sólo ama, sino que expresa el amor, como se hace en las novelas. Hay que procurar tener un carácter, o tener fuste, como dice la frase popular. Pero un carácter demasiado compacto puede terminar matando y suicidándose. Para ser hombre —no todo un hombre ni superhombre— hay que leer novelas. Por ejemplo, lector, éstas de don Miguel de Unamuno que tienes en las manos.

CIRIACO MORÓN ARROYO.

BIBLIOGRAFÍA

EDICIONES

1916: *Nada menos que todo un hombre,* novela inédita. En *La novela corta,* I, núm. 28, Madrid, 15 de julio de 1916, 34 págs.

1920: *Tres novelas ejemplares y un prólogo,* Madrid, Calpe, 1920.

1939: *Ídem,* Colección Austral, núm. 70, Buenos Aires.

1961: Ídem, en *Obras completas,* prólogo, edición y notas de Manuel García Blanco, Barcelona, Editorial Vergara, vol. IX, págs. 411-518. Reproducida en *O.C.,* Madrid, Escelicer, 1967, vol. II.

ESTUDIOS

BLANCO AGUINAGA, CARLOS: *El Unamuno contemplativo,* México, Ediciones del Colegio de México, 1959.

BLANCO AGUINAGA, C.: «Aspectos dialécticos de las *Tres novelas ejemplares*», en *Revista de Occidente,* núm. 77, 1964. Recogido en A. Sánchez Barbudo, *Miguel de Unamuno,* Madrid, Taurus (Col. El Escritor y la Crítica), 1974, págs. 251-271.

CASARES, JULIO: «Tres novelas ejemplares y un prólogo», en *Crítica efímera* (1920), II, 2.ª ed., Madrid, Espasa-Calpe, 1944, págs. 78-88.

CLAVERÍA, CARLOS: «Sobre el tema de Caín en la obra de Unamuno», en *Temas de Unamuno*, Madrid, Gredos, 1953, págs. 93-122. Recogido en Sánchez Barbudo, op. cit., págs. 227-249.

DERRIDA, JACQUES: *Marges de la philosophie*, París, Les Editions de Minuit, 1972.

ELIZALDE, IGNACIO: *Miguel de Unamuno y su novelística*, San Sebastián, Caja de Ahorros Provincial de Guipúzcoa, 1983.

FEAL DEIBE, CARLOS: *Unamuno, «el otro» y Don Juan*, Madrid, Cupsa editorial, 1976.

FREUD, SIGMUND: *Das Ich und das Es* (1923), en *Werkausgabe in zwei Bänden*, Frankfurt/Main, Fischer Vlg., 1978, I, págs. 369-401.

FREUD, S.: «Die Zerlegung der psychischen Persönlichkeit» (1933), *ib.*, págs. 402-418.

GARCÍA BLANCO, MANUEL: *América y Unamuno*, Madrid, Gredos, 1964.

GARCÍA BLANCO, M.: *En torno a Unamuno*, Madrid, Taurus, 1965.

GIRARD, RENÉ: *La violencia y lo sagrado* (1972), Trad. J. González y M. Vuillemain. Caracas, Universidad Central de Venezuela, 1975.

GÓMEZ MOLLEDA, D., ed., *Actas del Congreso Internacional Cincuentenario de Unamuno*. Salamanca, Universidad, 1989.

GULLÓN, RICARDO: *Autobiografías de Unamuno*, Madrid, Gredos, 1964.

HERMENEGILDO, ALFREDO: «La imposible ruptura de la geminación: *El otro* de Unamuno», en Jesús M. de Lasagabáster, ed., *El teatro de Unamuno*, San Sebastián, Universidad de Deusto, 1987, páginas 189-211.

LARBAUD, VALERY: «Prefacio» a *Trois Nouvelles exemplaires et un prologue*, París, Simon Kra, 1925.

MARÍAS, JULIÁN: *Miguel de Unamuno* (1943), Madrid, Espasa-Calpe, Col. Austral, núm. 991.

MEDINA, JEREMY: *Spanish Realism,* Potomac, Md., Porrúa Turanzas, 1979.

MORÓN ARROYO, CIRIACO: «*Niebla* en la evolución temática de Unamuno», en *Modern Language Notes,* vol. 81 (1966), págs. 143-158.

ORTEGA Y GASSET, JOSÉ: *Meditaciones del Quijote* (1914), en *O.C.,* I, Madrid, Edit. Revista de Occidente, 1957.

PARAÍSO DE LEAL, ISABEL: «Yo, el otro», en Jesús M. de Lasagabáster, op. cit., págs. 153-188.

RIBAS, PEDRO: «Unamuno y la cultura alemana. Convergencia con Schopenhauer», en D. Gómez Molleda, ed., *Volumen Homenaje a Miguel de Unamuno,* Salamanca, Casa-Museo de Unamuno, 1986, págs. 275-294.

RÍO, ÁNGEL DEL: «Las novelas ejemplares de Unamuno», en *Revista de la Universidad de Buenos Aires,* vol. 5 (1960), págs. 22-34. Recogido en *Estudios sobre literatura contemporánea española,* Madrid, Gredos, 1966, págs. 7-27.

SALCEDO, EMILIO: *Vida de don Miguel,* Salamanca, Ediciones Anaya, 1970.

TURNER, DAVID G.: *Unamuno's Web of Fatality,* Londres, Tamesis Books, 1974.

UNAMUNO, MIGUEL DE: *Diario íntimo,* Madrid, Alianza Editorial, 1970.

UNAMUNO, MIGUEL DE: *El Cristo de Velázquez,* Edición crítica de V. García de la Concha, Madrid, Espasa-Calpe (Clásicos Castellanos, nueva serie, núm. 3), 1987.

VALDÉS, MARIO, J., y MARÍA ELENA DE: *An Unamuno Source Book. A Catalogue of Readings and Acquisitions with an Introductory Essay on Unamuno's Dialectical Enquiry,* Toronto, University of Toronto Press, 1973.

ZUBIZARRETA, ARMANDO: *Tras las huellas de Unamuno,* Madrid, Taurus, 1960.

ESTA EDICIÓN

Reproducimos la edición popularizada en la Colección Austral desde 1939, cotejada con la primera (1920) y con las ediciones críticas de M. García Blanco (1961, 1967; véase bibliografía). Todas las ediciones tienen erratas, pero la más correcta es la de García Blanco, 1961. En algún caso he resuelto la duda con la traducción francesa de 1925, pero es demasiado libre y sólo puede ser útil en frases donde la traducción es literal.

CIRIACO MORÓN ARROYO.

TRES NOVELAS EJEMPLARES Y UN PRÓLOGO

PRÓLOGO

I

¡TRES NOVELAS EJEMPLARES Y UN PRÓLOGO! Lo mismo pude haber puesto en la portada de este libro *Cuatro novelas ejemplares*. ¿Cuatro? ¿Por qué? Porque este prólogo es también una novela. Una novela, entendámonos, y no una *nívola;* una novela.

Eso de *nívola,* como bauticé a mi novela —¡y tan novela!— *Niebla,* y en ella misma, página 158, lo explico, fue una salida que encontré para mis... —¿críticos? Bueno; pase— críticos. Y lo han sabido aprovechar porque ello favorecía su pereza mental. La pereza mental, el no saber juzgar sino conforme a precedentes, es lo más propio de los que se consagran a críticos [1].

Hemos de volver aquí en este prólogo —novela o nívola— más de una vez sobre la nivolería. Y digo hemos de volver así en episcopal primera persona del

---

[1] Opinión sobre los críticos muy corriente entre los creadores. Unamuno expresó esa actitud en artículos como «¿Crítico?... ¡Nunca!» (1900, X, 81-84) y «Eruditos, ¡a la Esfinge!» (1918, V, 997-1001). Sin embargo, la correspondencia muestra que, al menos al principio de su carrera como escritor, buscaba el reconocimiento de los críticos más respetables y autorizados, y que supo valorar a los críticos que mostraban verdadera sensibilidad.

plural [2], porque hemos de ser tú, lector, y yo, es decir, nosotros, los que volvamos sobre ellos. Ahora, pues, a lo de *ejemplares*.

¿Ejemplares? ¿Por qué?

Miguel de Cervantes llamó ejemplares a las novelas que publicó después de su *Quijote* porque, según en el prólogo a ellas nos dice, «no hay ninguna de quien no se pueda sacar algún ejemplo provechoso». Y luego añade: «Mi intento ha sido poner en la gloria de nuestra república una mesa de trucos, donde cada uno pueda llegar a entretenerse sin daño de barras, digo, sin daño del alma ni del cuerpo, porque los ejercicios honestos y agradables antes aprovechan que dañan.» Y en seguida: «Sí; que no siempre se está en los templos, no siempre se ocupan los oratorios, no siempre se asiste a los negocios por calificados que sean; horas hay de recreación donde el afligido espíritu descanse; para este efecto se plantan las alamedas, se buscan las fuentes, se allanan las cuestas y se cultivan con curiosidad los jardines.» Y agrega: «Una cosa me atreveré a decirte: que si por algún modo alcanzara que la lección de estas novelas pudiera inducir a quien las leyere a algún mal deseo o pensamiento, antes me cortara la mano con que las escribí que sacarlas en público; mi edad no está ya para burlarse con la otra vida, que al cincuenta y cinco de los años gano por nueve más y por la mano» [3].

De lo que se colige: primero, que Cervantes más buscó la ejemplaridad que hoy llamaríamos estética

---

[2]   Los obispos en sus documentos oficiales emplean la palabra «Nos» en la forma latina. Esta forma se conoce como plural mayestático y equivale al «nosotros» con el que diluimos cortésmente nuestras afirmaciones personales. «Nosotros no es plural de yo. Tanto lo es de tú. Yo + tú = nosotros» (1913, X, 245).

[3]   Fragmentos del prólogo a *Novelas ejemplares* (1613), Ed. Luciano García Lorenzo, Madrid, Espasa-Calpe (Col. Austral, núm. 29), 1983, págs. 59-61.

que no la moral en sus novelas, buscando dar con ellas horas de recreación donde el afligido espíritu descanse, y segundo, que lo de llamarlas ejemplares fue ocurrencia posterior a haberlas escrito. Lo que es mi caso.

Este prólogo es posterior a las novelas a que precede y prologa, como una gramática es posterior a la lengua que trata de regular y una doctrina moral, posterior a los actos de virtud o de vicio que con ella tratan de explicarse. Y este prólogo es, en cierto modo, otra novela; la novela de mis novelas. Y a la vez la explicación de mi novelería. O si se quiere, *nivolería*.

Y llamo ejemplares a estas novelas porque las doy como ejemplo —así, como suena—, ejemplo de vida y de realidad.

¡De realidad! ¡De realidad, sí!

Sus agonistas, es decir, luchadores[4] —o si queréis los llamaremos personajes—, son reales, realísimos, y con la realidad más íntima, con la que se dan ellos mismos, en puro querer ser o en puro querer no ser, y no con la que le den los lectores.

---

[4] *Agonistes* es la palabra griega para luchador. Unamuno empleó el término *agonía* para expresar la tragedia de las contradicciones internas que él descubría en la doctrina cristiana (ver su libro *La agonía del cristianismo*, XVI, 453-559) y en el individuo: «Todo hombre humano lleva dentro de sí las siete virtudes y sus siete opuestos vicios capitales» (sección V de este prólogo).

II

No hay nada más ambiguo que eso que se llama realismo en el arte literario. Porque, ¿qué realidad es la de ese realismo?

Verdad es que el llamado realismo, cosa puramente externa, aparencial, cortical y anecdótica, se refiere al arte literario y no al poético o creativo. En un poema —y las mejores novelas son poemas—, en una creación, la realidad no es la del que llaman los críticos realismo. En una creación la realidad es una relidad íntima, creativa y de voluntad. Un poeta no saca sus criaturas —criaturas vivas— por los modos del llamado realismo. Las figuras de los realistas suelen ser maniquíes vestidos, que se mueven por cuerda y que llevan en el pecho un fonógrafo que repite las frases que su Maese Pedro recogió por calles y plazuelas y cafés y apuntó en su cartera.

¿Cuál es la realidad íntima, la realidad real, la realidad eterna, la realidad poética o creativa de un hombre? Sea hombre de carne y hueso o sea de los que llamamos ficción, que es igual. Porque Don Quijote es tan real como Cervantes; Hamlet o Macbeth tanto como Shakespeare, y mi Augusto Pérez tenía acaso sus razones al decirme, como me dijo —véase mi novela (¡y tan novela!) *Niebla*, páginas 280 a 281—, que tal vez no fuese yo sino un pretexto para que su historia y las de otros, incluso la mía misma, lleguen al mundo.

¿Qué es lo más íntimo, lo más creativo, lo más real de un hombre?

Aquí tengo que referirme, una vez más, a aquella ingeniosísima teoría de Oliver Wendell Holmes —en su *The Autocrat of the Breakfast Table, III*— sobre los tres Juanes y los tres Tomases. Y es que nos dice que cuando conversan dos, Juan y Tomás, hay seis en conversación, que son:

Tres Juanes ....
1. El Juan real; conocido sólo para su Hacedor.
2. El Juan ideal de Juan; nunca el real, y a menudo muy desemejante de él.
3. El Juan ideal de Tomás; nunca el Juan real ni el Juan de Juan, sino a menudo muy desemejante de ambos.

Tres Tomases ....
1. El Tomás real.
2. El Tomás ideal de Tomás.
3. El Tomás ideal de Juan.

Es decir, el que uno es, el que se cree ser y el que le cree otro. Y Oliver Wendell Holmes pasa a disertar sobre el valor de cada uno de ellos [5].

Pero yo tengo que tomarlo por otro camino que el intelectualista yanqui Wendell Holmes. Y digo que, además del que uno es para Dios —si para Dios es uno alguien— y del que es para los otros y del que se cree ser, hay el que quisiera ser. Y que éste, el que

---

[5] O. W. Holmes (1809-1894), médico en Boston, autor de varios trabajos científicos y de ensayos como el que cita Unamuno. El libro se publicó en 1858. En mi ejemplar (3.ª ed., 1892), el texto se encuentra en página 53. Unamuno poseyó la edición de London, Dent, 1908 (Valdés, pág. 118), pero cita el libro ya en 1903. Ver «El individualismo español» (III, 618), y «Sobre la consecuencia, la sinceridad» (1906, III, 1049). Unamuno acepta la idea del médico de Boston, pero la considera unilateral, parcial.

uno quiere ser, es en él, en su seno, el creador, y es el
real de verdad. Y por el que hayamos querido ser, no
por el que hayamos sido, nos salvaremos o perdere-
mos. Dios le premiará o castigará a uno a que sea por
toda la eternidad lo que quiso ser.

Ahora, que hay quien quiere ser y quien quiere no
ser, y lo mismo en hombres reales encarnados en
carne y hueso que en hombres reales encarnados
en ficción novelesca o nivolesca. Hay héroeas del
querer no ser, de la *noluntad* [6].

Mas antes de pasar más adelante cúmpleme explicar que no es lo mismo querer no ser que no
querer ser.

Hay, en efecto, cuatro posiciones, que son dos
positivas: *a)* querer ser; *b)* querer no ser; y dos
negativas; *c)* no querer ser; *d)* no querer no ser.
Como se puede: creer que hay Dios, creer que no hay
Dios, no creer que hay Dios, y no creer que no hay
Dios. Y ni creer que no hay Dios es lo mismo que no
creer que hay Dios, ni querer no ser es no querer ser.
De uno que no quiere ser difícilmente se saca una
criatura poética, de novela; pero de uno que quiere

---

   [6]   La *noluntad* es deseo de no querer, de aniquilarse. No lleva al
suicidio, porque con el suicidio se quita la posibilidad de seguir
deseando el no ser. Del latín *nolle,* como voluntad viene de *velle,*
querer. Para Unamuno la *noluntad* está emparentada con el
quietismo y es un rasgo del carácter español: «Molinos, el presbíte-
ro aragonés, disciplinaba la noluntad, el no querer» (1915, IV,
1122). El siguiente párrafo indica la constelación de significados
históricos, políticos y etnopsicológicos que Unamuno asociaba con
esa palabra: «Al leer últimamente el libro que nuestro buen amigo
Marañón ha dedicado al conde-duque de Olivares, me di cuenta de
que este buen figurón hinchado era, en el fondo, un pobre hombre
elocuente, y en rigor, un abúlico. Un abúlico a las veces voluntarioso. Parejo al pobre Felipe IV, otro abúlico que tal vez soñaba la
acción. Y todo aquello que se llama —no sabemos por qué—
decadencia de la Casa de Austria en España y la decadencia de
España, ¿qué era sino sueño de acción y «noluntad» —no voluntad— o desgana de obrar?... Nuestro más castizo pensador resulta
Miguel de Molinos» (15 de julio de 1936, V, 100).

no ser, sí. Y el que quiere no ser, no es, ¡claro!, un suicida.

El que quiere no ser lo quiere siendo.

¿Qué? ¿Os parece un lío? Pues si esto os parece un lío y no sois capaces, no ya sólo de comprenderlo, más de sentirlo y de sentirlo apasionada y trágicamente, no llegaréis nunca a crear criaturas reales y, por tanto, no llegaréis a gozar de ninguna novela ni de la de vuestra vida. Porque sabido es que el que goza de una obra de arte es porque la crea en sí, la recrea y se recrea con ella [7]. Y por eso Cervantes en el prólogo a sus *Novelas ejemplares* habla de «horas de recreación». Y yo me he recreado con su Licenciado Vidriera, recreándolo en mí al re-crearme. Y el Licenciado Vidriera era yo mismo.

---

[7] Esta idea de la lectura como re-creación estimula para el diálogo actual sobre métodos de leer y de crítica literaria. Unamuno anticipó —la palabra puede emplearse con toda seguridad— muchas de nuestras preguntas actuales sobre texto abierto y texto cerrado, la lectura como llamada del texto y como respuesta personal al texto; recepción y sentido, etc. Las relaciones entre vida como realidad y como conciencia (ver introducción) fueron dramatizadas por Unamuno en *Cómo se hace una novela,* cuya idea básica se anticipa aquí (X, 825-923).

III

Quedamos, pues —digo, me parece que hemos quedado en ello...—, en que el hombre más real, *realis,* más *res,* más cosa, es decir, más causa —sólo existe lo que obra—, es el que quiere ser o el que quiere no ser, el creador. Sólo que este hombre que podríamos llamar, al modo kantiano, numénico, este hombre volitivo e ideal —de idea-voluntad o fuerza— tiene que vivir en un mundo fenoménico, aparencial, racional, en el mundo de los llamados realistas. Y tiene que soñar la vida que es sueño. Y de aquí, del choque de esos hombres reales, unos con otros, surgen la tragedia y la comedia y la novela y la nivola. Pero la realidad es la íntima. La realidad no la constituyen las bambalinas, ni las decoraciones, ni el traje, ni el paisaje, ni el mobiliario, ni las acotaciones, ni...

Comparad a Segismundo con Don Quijote, dos soñadores de la vida. La realidad en la vida de Don Quijote no fueron los molinos de viento, sino los gigantes. Los molinos eran fenoménicos, aparenciales; los gigantes eran numénicos, sustanciales. El sueño es el que es vida, realidad, creación. La fe misma no es, según San Pablo, sino la sustancia de las cosas que se esperan, y lo que se espera es sueño.

Y la fe es la fuente de la realidad, porque es la vida. Creer es crear [8].

¿O es que la *Odisea,* esa epopeya que es una novela, y una novela real, muy real, es menos real cuando nos cuenta prodigios de ensueño que un realista excluiría de su arte?

---

[8]   Creer es crear en la medida en que la fe es un impulso de la voluntad. Idea clave en el sistema de Unamuno. Voluntad y razón, profundidad y superficie, forman los «dos reinos de este mundo». «El otro reino está aquí también, Lázaro, porque hay dos reinos en este mundo» (*San Manuel bueno, mártir,* 1931, XVI, 612). La ontología de Unamuno tiene como axioma la diferencia de los dos mundos o de los dos reinos: ser frente a la apariencia, lo que permanece frente a lo que pasa. Pero el autor sabe que nunca estamos seguros de qué es lo aparente y qué es lo real. La búsqueda poética, creadora, es lo indudablemente real: el fondo del abismo.

IV

Sí, ya sé la canción de los críticos que se han agarrado a lo de la *nivola;* novelas de tesis, filosóficas, símbolos, conceptos personificados, ensayos en forma dialogada... y lo demás.

Pues bien; un hombre, y un hombre real, que quiere ser o que quiere no ser, es un símbolo, y un símbolo puede hacerse hombre. Y hasta un concepto. Un concepto puede llegar a hacerse persona. Yo creo que la rama de una hipérbola quiere —¡así, quiere!— llegar a tocar a su asíntota y no lo logra, y que el geómetra que sintiera ese querer desesperado de la unión de la hipérbola con su asíntota nos crearía a esa hipérbola como a una persona, y persona trágica. Y creo que la elipse quiere tener dos focos. Y creo en la tragedia o en la novela del binomio de Newton[9]. Lo que no sé es si Newton la sintió.

¡A cualquier cosa llaman puros conceptos o entes de ficción los críticos!

Te aseguro, lector, que si Gustavo Flaubert[9bis] sintió, como dicen, señales de envenenamiento cuando estaba escribiendo, es decir, creando, el de Emma Bovary, en aquella novela que pasa por ejemplar de

[9] Binomio de Newton: Fórmula del físico inglés (1642-1727) sobre la elevación de un binomio $(x + y)$ a una potencia n.
[9bis] Escritor francés (1821-1880), nacido en Rouen. Su novela más célebre es *Madame Bovary* (1857), cuya protagonista es Emma.

novelas, y de novelas realistas, cuando mi Augusto
Pérez gemía delante de mí —dentro de mí más
bien—: «Es que yo quiero vivir, don Miguel, quiero
vivir, quiero vivir...» —*Niebla,* página 287— sentía
yo morirme [10].

«¡Es que Augusto Pérez eres tú mismo!...» —se me
dirá—. ¡Pero no! Una cosa es que todos mis personajes novelescos, que todos los agonistas que he
creado los haya sacado de mi alma, de mi realidad íntima —que es todo un pueblo—, y otra cosa
es que sean yo mismo. Porque, ¿quién soy yo mismo? ¿Quién es el que se firma Miguel de Unamuno?
Pues... uno de mis personajes, una de mis criaturas,
uno de mis agonistas. Y ese yo último e íntimo
y supremo, ese yo trascendente —o inmanente—,
¿quién es? Dios lo sabe... Acaso Dios mismo...

Y ahora os digo que esos personajes crepusculares
—no de mediodía ni de medianoche— que ni quieren
ser ni quieren no ser, sino que se dejan llevar y traer,
que todos esos personajes de que están llenas nuestras novelas contemporáneas españolas no son, con
todos los pelos y señales que les distinguen, con sus
muletillas y sus tics y sus gestos, no son en su
mayoría personas, y que no tienen realidad íntima.
No hay un momento en que se vacíen, en que se
desnuden su alma.

A un hombre de verdad se le descubre, se le crea,
en un momento, en una frase, en un grito. Tal en
Shakespeare. Y luego que le hayáis así descubierto,
creado, lo conocéis mejor que él se conoce a sí mismo
acaso.

Si quieres crear, lector, por el arte, personas,
agonistas-trágicos, cómicos o novelescos, no acumu-
les detalles, no te dediques a observar exterioridades
de los que contigo conviven, sino trátalos, excítalos si
puedes, quiérelos sobre todo y espera a que un día

---

[10]   *Niebla,* cap. 31 (II, 908).

—acaso nunca— saquen a luz y desnuda el alma de su alma, el que quieren ser, en un grito, en un acto, en una frase, y entonces toma ese momento, métemelo en ti y deja que como un germen se te desarrolle en el personaje de verdad, en el que es de veras real. Acaso tú llegues a saber mejor que tu amigo Juan o que tu amigo Tomás quién es el que quiere ser Juan o el que quiere ser Tomás o quién es el que cada uno de ellos quiere no ser.

Balzac no era un hombre que hacía vida de mundo ni se pasaba el tiempo tomando notas de lo que veía en los demás o de lo que les oía. Llevaba el mundo dentro de sí [11].

---

[11]   Honoré de Balzac (1799-1850). Novelista francés, nacido en Tours. Autor de varias series de novelas coleccionadas bajo el título comprensivo de *La comedia humana* (1842 y sigs.).

V

Y es que todo hombre humano lleva dentro de sí las siete virtudes y sus siete opuestos vicios capitales: es orgulloso y humilde, glotón y sobrio, rijoso y casto, envidioso y caritativo, avaro y liberal, perezoso y diligente, iracundo y sufrido. Y saca de sí mismo lo mismo al tirano que al esclavo, al criminal que al santo, a Caín que a Abel.

No digo que Don Quijote y Sancho brotaron de la misma fuente porque no se oponen entre sí, y Don Quijote era sanchopancesco y Sancho Panza era quijotesco, como creo haber probado en mi *Vida de Don Quijote y Sancho*. Aunque no falte acaso quien me salte diciendo que el Don Quijote y el Sancho de esa mi obra no son los de Cervantes. Lo cual es muy cierto. Porque ni Don Quijote ni Sancho son de Cervantes ni míos, sino que son de todos los que los crean y re-crean. O mejor, son de sí mismos, y nosotros cuando los contemplamos y creamos, somos de ellos.

Y yo no sé si mi Don Quijote es otro que el de Cervantes o si, siendo el mismo, he descubierto en su alma honduras que el primero que nos le descubrió, que fue Cervantes, no las descubrió. Porque estoy seguro, entre otras cosas, de que Cervantes no apreció todo lo que en el sueño de la vida del Caballero significó aquel amor vergonzoso y callado que sintió por Aldonza Lorenzo. Ni Cervantes caló todo el quijotismo de Sancho Panza.

Resumiendo: todo hombre humano lleva dentro de sí las siete virtudes capitales y sus siete vicios opuestos, y con ellos es capaz de crear agonistas de todas clases.

Los pobres sujetos que temen la tragedia, esas sombras de hombre que leen para no enterarse o para matar el tiemppo —tendrán que matar la eternidad—, al encontrarse en una tragedia, o en una comedia, o en una novela, o en una nivola si queréis, con un hombre, con nada menos que todo un hombre, o con una mujer, con nada menos que una mujer, se preguntan: «¿Pero de dónde habrá sacado este autor esto?» A lo que no cabe si no una respuesta, y es: «¡De ti, no!» Y como no la ha sacado uno de él, del hombre cotidiano y crepuscular, es inútil presentárselo, porque no lo reconoce por hombre. Y es capaz de llamarle símbolo o alegoría.

Y ese sujeto cotidiano y aparencial, ese que huye de la tragedia, no es ni sueño de una sombra, que es como Píndaro llamó al hombre. A lo sumo será sombra de un sueño, que dijo el Tasso [12]. Porque el que siendo sueño de una sombra y teniendo la conciencia de serlo sufra con ello y quiera serlo o

_____

[12] *Skias onar/, anthropos* (Píndaro, *Píticas,* Oda VIII, vv. 95-96). Tasso:

> La fama che invaghisce a un dolce suono
> voi superbi mortali, e par sì bella,
> è un'ecco, un sogno, anzi del sogno un'ombra,
> ch'adogni vento si dilegua e sgombra.
>
> (*Gerusalemme liberata,* XIV, 63, 5-8).

No son palabras de Tasso, sino de una ninfa «impía».

«Sueño de una sombra llamó Píndaro al hombre, y pudo haberle llamado sombra de un sueño. De un sueño que se hace, se deshace y se rehace; de un sueño que no es dogma, ni precepto, ni programa, ni sentencia» (1932, V, 246).

quiera no serlo, será un personaje trágico y capaz de crear y de re-crear en sí mismo personajes trágicos —o cómicos—, capaz de ser novelista; esto es: poeta y capaz de gustar de una novela, es decir, de un poema.

VI

¿Está claro?

La lucha por dar claridad a nuestras creaciones es otra tragedia.

Y este prólogo es otra novela. Es la novela de mis novelas, desde *Paz en la Guerra* y *Amor y Pedagogía* y mis cuentos —que novelas son— y *Niebla* y *Abel Sánchez* —ésta acaso la más trágica de todas—, hasta las TRES NOVELAS EJEMPLARES que vas a leer, lector. Si este prólogo no te ha quitado la gana de leerlas.

¿Ves, lector, por qué las llamo ejemplares a estas novelas? ¡Y ojalá sirvan de ejemplo!

Sé que en España, hoy, el consumo de novelas lo hacen principalmente mujeres. ¡Es decir, mujeres, no!, sino señoras y señoritas [13]. Y sé que estas señoras y señoritas se aficionan principalmente a leer aquellas novelas que les dan sus confesores o aquellas otras que se las prohíben; o sensiblerías que destilan mangla o pornografías que chorrean pus. Y no es que huyan de lo que les haga pensar; huyen de lo que les haga conmoverse. Con conmoción que no sea la que acaba en... ¡Bueno, más vale callarlo!

Esas señoras y señoritas se extasían, o ante un traje

---

[13] «Mi aspiración es ser escritor para hombres y mujeres, no para caballeros y señoritos ni para damas ni damiselas» (1912, XI, 509).

montado sobre un maniquí, si el traje es de moda, o ante el desvestido o semi-desnudo; pero el desnudo franco y noble les repugna. Sobre todo el desnudo del alma.

¡Y así anda nuestra literatura novelesca!

Literatura... sí, literatura. Y nada más que literatura [14]. Lo cual es un género de subsistencia, sujeta a la ley de la oferta y la demanda, y a exportación e importación, y a registro de aduana y a tasa.

Allá van, en fin, lectores y lectoras, señores, señoras y señoritas, estas tres novelas ejemplares, que aunque sus agonistas tengan que vivir aislados y desconocidos, yo sé que vivirán. Tan seguro estoy de esto como de que viviré yo.

¿Cómo? ¿Cuándo? ¿Dónde? Dios sólo lo sabe...

---

[14]   «Hay una cosa de que hay que huir si se quiere hacer poesía, hacer arte en el más alto sentido humano, y es de caer en *littérateur,* en *homme de lettres*» (1934, XI, 688).

DOS MADRES

DON JUAN.—¡Oh, no! Aquel sobrinillo tuyo, por ejemplo...

RAQUEL.—Ya te he dicho, Juan, que no hables de eso..., que no vuelvas a hablar de eso... Mi hermana, visto que tenemos fortuna...

DON JUAN.—Dices bien, tenemos...

RAQUEL.—¡Claro que digo bien! ¿O es que crees que yo no sé que tu fortuna, como tú todo, no es sino mía, enteramente mía?

DON JUAN.—¡Enteramente tuyos, Quelina!

RAQUEL.—Mi hermana nos entregaría cualquiera de sus hijos, lo sé, nos lo entregaría de grado. Y como nada me costaría obtenerlo, nunca podría tenerlo por propio. ¡Oh, no poder parir! ¡No poder parir! ¡Y morirse en el parto!

DON JUAN.—Pero no te pongas así, querida.

RAQUEL.—Eres tú, Juan, eres tú el que no debes seguir así... Un hijo adoptado, adoptivo, es siempre un hospiciano. Hazte padre, Juan, hazte padre, ya que no has podido hacerme madre. Si me hubieras hecho madre, nos habríamos casado, entonces sí... ¿Por qué bajas así la cabeza? ¿De qué te avergüenzas?

DON JUAN.—Me vas a hacer llorar, Raquel, y yo...

RAQUEL.—Sí, ya sé que tú no tienes la culpa, como no la tuvo mi marido, aquel...

DON JUAN.—Ahora eso...

RAQUEL.—¡Bien! Pero tú puedes darme un hijo. ¿Cómo? Engendrándolo en otra mujer [17], hijo tuyo, y

---

[17] Engendrar-criar son signos fundamentales del sistema de Unamuno. Criar es la crianza y educación; engendrar, la operación sexual. «No sabrás quién eres hasta que al verte un día deformado en el espejo te preguntes: ¿Pero éste soy yo?, y empieces a dudar de que tú seas tú, empieces a dudar de tu existencia real y sustancial. Aquel día empezarás a vivir de veras. Y si eso me lo debieras, podría yo decir, lector, que te habría *criado*. Lo que es mucho más que haberte *engendrado*» (1915, X, 318). Trasfondo: «No basta para un buen padre engendrar él y dar la carga de educación a otro, mas con perseverante amor sufrir todos los trabajos que en

entregándomelo luego. ¡Y quiéralo ella o no lo quiera, que lo quiero yo y basta!

DON JUAN.—Pero cómo quieres que yo quiera a otra mujer...

RAQUEL.—¿Quererla? ¿**Qué** es eso de quererla? ¿Quién te ha hablado de querer a otra mujer? Harto sé que hoy ya tú no puedes, aunque quieras, querer a otra mujer. ¡Ni yo lo consentiría! ¡Pero no se trata de quererla; se trata de empreñarla! ¿Lo quieres más claro? Se trata de hacerla madre. Hazla madre y luego dame el hijo, quiéralo ella o no.

DON JUAN.—La que se prestara a eso sería una...

RAQUEL.—¿Con *nuestra* fortuna?

DON JUAN.—¿Y a qué mujer le propongo eso?

RAQUEL.—¿Proponerle qué?

DON JUAN.—Eso...

RAQUEL.—Lo que has de proponerle es el matrimonio...

DON JUAN.—¡Raquel!

RAQUEL.—¡Sí, Juan, sí; el matrimonio! Tienes que casarte y yo te buscaré la mujer; una mujer que ofrezca probabilidades de éxito... Y que sea bien parecida, ¿eh?

Al decir esto se reía con una risa que sonaba a llanto.

RAQUEL.—Será tu mujer, y de tu mujer, ¡Claro está!, no podré tener celos...

DON JUAN.—Pero ella los tendrá de ti...

RAQUEL.—¡Natural! Y ello ayudará a nuestra obra. Os casaréis, os darán gracia, mucha gracia, muchísima gracia, y criaréis por lo menos un hijo... para mí. Y yo le llevaré al cielo [18].

---

criarlos se pasan» (San Juan de Ávila, *Epistolario espiritual,* ed. V. García de Diego, Madrid, Espasa-Calpe [Clásicos Castellanos], 1962, pág. 6).

[18]   El sacramento del matrimonio, según la doctrina católica, da gracia a los casados para cumplir sus obligaciones, la primera de las cuales es criar hijos para el cielo.

DON JUAN.—No blasfemes...

RAQUEL.—¿Sabes tú lo que es el cielo? ¿Sabes lo que es el infierno? ¿Sabes dónde está el infierno?

DON JUAN.—En el centro de la tierra, dicen.

RAQUEL.—O en el centro de un vientre estéril acaso... [19].

DON JUAN.—¡Raquel...! ¡Raquel...!

RAQUEL.—Y ven, ven acá...

Le hizo sentarse sobre las firmes piernas de ella, se lo apechugó como a un niño y, acercándole al oído los labios resecos, le dijo como en un susurro:

RAQUEL.—Te tengo ya buscada mujer... Tengo ya buscada la que ha de ser madre de nuestro hijo... Nadie buscó con más cuidado una nodriza que yo esa madre...

DON JUAN.—¿Y quién es...?

RAQUEL.—La señorita Berta Lapeira... Pero, ¿por qué tiemblas? ¡Si hasta creía que te gustaría! ¿Qué? ¿No te gusta? ¿Por qué palideces? ¿Por qué lloras así? Anda, llora, llora, hijo mío... ¡Pobre don Juan! [20].

DON JUAN.—Pero Berta...

RAQUEL.—¡Berta, encantada! Y no por *nuestra* fortuna, ¡no! ¡Berta está enamorada de ti, perdida-

---

[19] «Cada mujer tiene sangre para cuatro o cinco hijos, y cuando no los tienen se les vuelve veneno, como me va a pasar a mí» (F. García Lorca, *Yerma,* I, cuadro 1. Madrid, Aguilar, 1971, pág. 1283).

[20] En la noche del 21 ó 22 de marzo de 1897, remordimientos y angustias hacen que Unamuno prorrumpa en un llanto incontenible. «Doña Concha, asustada, cuando venció el temor que aquella situación le imponía, le abraza, le acaricia, le pregunta: ¿Qué tienes, hijo mío?» (Salcedo, *Vida,* pág. 89.) Desde entonces, en todas las novelas extensas y en varias cortas, Unamuno introduce alguna mujer-madre, que exclama con el mismo grito: «Al recibir los padres la noticia de su muerte, desmayóse ella exclamando: ¡Hijo mío!» (*Paz en la guerra,* IV, 1897, II, 347). «Recordé cómo, cuando al clamar él en la iglesia las palabras de Jesucristo: "Dios mío, Dios mío ¿por qué me has abandonado?", su madre, la de don Manuel, respondió desde el suelo: ¡Hijo mío!» (*San Manuel Bueno, mártir,* 1931, XVI, 596).

mente enamorada de ti...! Y Berta, que tiene un heroico corazón de virgen enamorada, aceptará el papel de redimirte, de redimirte de mí, que soy, según ella, tu condenación y tu infierno. ¡Lo sé! ¡Lo sé! Sé cuánto te compadece Berta... Sé el horror que le inspiro... Sé lo que dice de mí...

DON JUAN.—Pero y sus padres...

RAQUEL.—¡Oh! Sus padres, sus cristianísimos padres, son unos padres muy razonables... Y conocen la importancia de *tu* fortuna.

DON JUAN.—Nuestra fortuna...

RAQUEL.—Ellos, como todos los demás, creen que es tuya... ¿Y no es acaso legalmente tuya?

DON JUAN.—Sí; pero...

RAQUEL.—Sí, hasta eso lo tenemos que arreglar bien. Ellos no saben cómo tú eres mío, michino, y cómo es mío, mío sólo, todo lo tuyo. Y no saben cómo será mío el hijo que tengas de su hija... Porque lo tendrás, ¿eh, michino? ¿Lo tendrás?

Y aquí las palabras le cosquilleaban en el fondo del oído al pobre don Juan, produciéndole casi vértigo.

RAQUEL.—¿Lo tendrás, Juan, lo tendrás?

DON JUAN.—Me vas a matar, Raquel...

RAQUEL.—Quién sabe... Pero antes dame el hijo... ¿Lo oyes? Ahí está la angelical Berta Lapeira. ¡Angelical! Ja... ja... ja...

DON JUAN.—¡Y tú, demoníaca! —gritó el hombre poniéndose en pie y costándole tenerse así.

RAQUEL.—El demonio también es un ángel, michino...

DON JUAN.—Pero un ángel caído...

RAQUEL.—Haz, pues, caer a Berta; ¡hazla caer...!

DON JUAN.—Me matas, Quelina, me matas...

RAQUEL.—¿Y no estoy yo peor que muerta...?

Terminado esto, Raquel tuvo que acostarse. Y cuando más tarde, al ir don Juan a hacerlo junto a ella, al juntar sus labios con los de su dueña y señora, los encontró secos y ardientes como arena de desierto [20 bis].

RAQUEL.—Ahora sueña con Berta y no conmigo. ¡O no, no! ¡Sueña con nuestro hijo!

El pobre don Juan no pudo soñar.

[20 bis] Así en todas las ediciones. Supongo que Unamuno escribiría: «Y cuando más tarde, al ir... ella juntó..., los encontró...». La traducción francesa omite este apartado.

II

¿Cómo se le había ocurrido a Raquel proponerle para esposa legítima a Berta Lapeira? ¿Cómo había descubierto, no que Berta estuviese enamorada de él, de don Juan, sino que él, en sueños, estando dormido, cuando perdía aquella voluntad que no era suya, sino de Raquel, soñaba en que la angelical criatura viniese en su ayuda a redimirle? Y si en esto había un germen de amor futuro, ¿buscaba Raquel extinguirlo haciéndole que se casase con ella para hacer madre a la viuda estéril?

Don Juan conocía a Berta desde la infancia. Eran relaciones de familia. Los padres de don Juan, huérfano y solo desde muy joven, habían sido grandes amigos de don Pedro Lapeira y de su señora. Estos se habían siempre interesado por aquél y habíanse dolido como nadie de sus devaneos y de sus enredos con aventureras de ocasión. De tal modo, que cuando el pobre náufrago de los amores —que no del amor— recaló en el puerto de la viuda estéril, alegráronse como de una ventura del hijo de sus amigos, sin sospechar que aquel puerto era un puerto de tormentas.

Porque, contra lo que creía don Juan, el sesudo matrimonio Lapeira estimaba que aquella relación era ya a modo de un matrimonio; que don Juan necesitaba de una voluntad que supliera a la que le faltaba, y que si llegaban a tener hijos, el de sus amigos estaba salvado. Y de esto hablaban con frecuencia en sus comentarios domésticos, en la mesa, a la tragicomedia de la ciudad[21], sin recatarse delante de su hija, de la angelical Berta, que de tal modo fue interesándose por don Juan.

Pero Berta, cuando oía a sus padres lamentarse de que Raquel no fuese hecha madre por don Juan y que luego se anudase para siempre y ante toda ley divina y humana —o mejor teocrática y democrática— aquel enlace de aventura, sentía dentro de sí el deseo de que no fuera eso, y soñaba luego, a solas, con poder llegar a ser el ángel redentor de aquel náufrago de los amores y el que le sacase del puerto de las tormentas.

¿Cómo es que don Juan y Berta habían tenido el mismo sueño? Alguna vez, al encontrarse sus miradas, al darse las manos, en las no raras visitas que don Juan hacía a casa de los señores Lapeira, había nacido aquel sueño. Y hasta había sucedido tal vez, no hacía mucho, que fue Berta quien recibió al compañero de juegos de su infancia y que los padres tardaron algo en llegar.

Don Juan previó el peligro, y dominado por la voluntad de Raquel, que era la suya, fue espaciando cada vez más sus visitas a aquella casa. Cuyos dueños adivinaron la causa de aquella abstención. «¡Cómo le tiene dominado! ¡Le aísla de todo el mundo!» —se dijeron los padres—. Y a la hija, a la angelical Berta, un angelito caído le susurró en el silencio de la noche y del sueño, al oído del corazón: «Te teme...»

Y ahora era Raquel, Raquel misma, la que le empujaba al regazo de Berta. ¿Al regazo?

El pobre don Juan echaba de menos el piélago encrespado de sus pasados amores de paso, presintiendo que Raquel le llevaba a la muerte. ¡Pero si él

---

[21]Comentarios a la tragedia de la ciudad, hechos durante la comida.

no tenía ningún apetito de paternidad...! ¿Para qué iba a dejar en el mundo otro como él?

¡Mas, qué iba a hacer...!

Y volvió, empujado y guiado por Raquel, a frecuentar la casa Lapeira. Con lo que se les ensanchó el alma a la hija y a sus padres. Y más cuando adivinaron sus intenciones. Empezando a compadecerse como nunca de la fascinación bajo la que vivía. Y lo comentaban don Pedro y doña Marta.

DON PEDRO.—¡Pobre chico! Cómo se ve que sufre...

DOÑA MARTA.—Y no es para menos, Pedro, no es para menos...

DON PEDRO.—Nuestra Tomasa, ¿te recuerdas?, hablaría de un bebedizo...

DOÑA MARTA.—Sí, tenía gracia lo del bebedizo... Si la pobre se hubiese mirado a un espejo...

DON PEDRO.—Y si hubiese visto cómo le habían dejado sus nueve partos [21 bis] y el tener que trabajar tan duro... Y si hubiese sido capaz de ver bien a la otra...

DOÑA MARTA.—Así sois los hombres... Unos puercos todos...

DON PEDRO.—¿Todos?

DOÑA MARTA.—Perdona, Pedro, ¡Tú... no! Tú...

DON PEDRO.—Pero, después de todo, se comprende el bebedizo de la viudita esa...

DOÑA MARTA.—¡Ah, picarón!, con que...

DON PEDRO.—Tengo ojos en la cara, Marta, y los ojos siempre son jóvenes...

DOÑA MARTA.—Más que nosotros...

DON PEDRO.—¿Y qué será de este chico ahora?

DOÑA MARTA.—Dejémosle venir, Pedro... Porque yo le veo venir...

DON PEDRO.—¡Y yo! ¿Y ella?

[21 bis] El empleo de *la* y *le* para el complemento directo e indirecto femeninos, es a veces anárquico en Unamuno.

DOÑA MARTA.—A ella ya iré preparándola yo por si acaso...

DON PEDRO.—Y esa relación...

DOÑA MARTA.—¿Pero no ves, hombre de Dios, que lo que busca es romperla? ¿No lo conoces?

DON PEDRO.—Sin duda. Pero esa ruptura tendrá que costarle algún sacrificio...

DOÑA MARTA.—Y aunque así sea... Tiene mucho, mucho, y aunque sacrifique algo...

DON PEDRO.—Es verdad...

DOÑA MARTA.—Tenemos que redimirle, Pedro; nos lo piden sus padres...

DON PEDRO.—Y hay que hacer que nos lo pida también nuestra hija.

La cual estaba, por su parte, ansiando la redención de don Juan. ¿La de don Juan, o la suya propia? Y se decía: «Arrancarle ese hombre y ver cómo es el hombre de ella, el hombre que ha hecho ella, el que se le ha rendido en cuerpo y alma... ¡Lo que le habrá enseñado...! ¡Lo que sabrá mi pobre Juan...! Y él me hará como ella...»

De quien estaba Berta perdidamente enamorada era de Raquel, Raquel era su ídolo.

III

El pobre Juan, ya sin don, temblaba entre las dos mujeres, entre su ángel y su demonio redentores. Detrás de sí tenía a Raquel, y delante a Berta, y ambas le empujaban. ¿Hacia dónde? Él presentía que hacia su perdición. Habíase de perder en ellas. Entre una y otra le estaban desgarrando. Sentíase como aquel niño que ante Salomón se disputaban las dos madres, sólo que no sabía cuál de ellas, si Raquel o Berta, le quería entero para la otra y cuál quería partirlo a muerte. Los ojos azules y claros de Berta, la doncella, como un mar sin fondo y sin orillas, le llamaban al abismo, y detrás de él, o mejor en torno de él, envolviéndole, los ojos negros y tenebrosos de Raquel, la viuda, como una noche sin fondo y sin estrellas, empujábanle al mismo abismo.

BERTA.—¿Pero qué te pasa, Juan? Desahógate de una vez conmigo. ¿No soy tu amiga de la niñez, casi tu hermana...?

DON JUAN.—Hermana... Hermana...

BERTA.—¿Qué? No te gusta eso de hermana...

DON JUAN.—No la tuve; apenas si conocí a mi madre... No puedo decir que he conocido mujer...

BERTA.—Que no, ¿eh? Vamos...

DON JUAN.—¡Mujeres... sí! ¡Pero mujer, lo que se dice mujer, no!

BERTA.—¿Y la viuda esa, Raquel?

Berta se sorprendió de que le hubiese salido esto

sin violencia alguna, sin que le temblara la voz, y de que Juan se lo oyera con absoluta tranquilidad.

DON JUAN.—Esa mujer, Berta, me ha salvado; me ha salvado de las mujeres.

BERTA.—Te creo. Pero ahora...

DON JUAN.—Ahora sí, ahora necesito salvarme de ella.

Y al decir esto sintió Juan que la mirada de los tenebrosos ojos viudos le empujaban con más violencia.

BERTA.—¿Y puedo yo servirte de algo en eso...?

DON JUAN.—¡Oh, Berta, Berta...!

BERTA.—Vamos, sí; tú, por lo visto, quieres que sea yo quien me declare...

DON JUAN.—Pero Berta...

BERTA.—¿Cuándo te vas a sentir hombre, Juan? ¿Cuándo has de tener voluntad propia?

DON JUAN.—Pues bien, sí, ¿quieres salvarme?

BERTA.—¿Cómo?

DON JUAN.—¡Casándote conmigo!

BERTA.—¡Acabáramos! ¿Quieres, pues, casarte conmigo?

DON JUAN.—¡Claro!

BERTA.—¿Claro? ¡Oscuro! ¿Quieres casarte conmigo?

DON JUAN.—¡Sí!

BERTA.—¿De propia voluntad?

Juan tembló al percatar tinieblas en el fondo de los ojos azules y claros de la doncella. «¿Habrá adivinado la verdad?», se dijo, y estuvo por arredrarse, pero los ojos negros de la viuda le empujaron diciéndole: «Digas lo que dijeres, tú no puedes mentir» [22].

DON JUAN.—¡De propia voluntad!

BERTA.—¿Pero la tienes, Juan?

---

[22] Los ojos azules y los ojos negros, el mar y la noche, son dos fuerzas opuestas que desgarran a don Juan, niño del juicio de Salomón.

DON JUAN.—Es para tenerla para lo que quiero hacerte mi mujer...

BERTA.—Y entonces...

DON JUAN.—Entonces, ¿qué?

BERTA.—¿Vas a dejar antes a esa otra?

DON JUAN.—Berta... Berta...

BERTA.—Bien, no hablemos más de ello, si quieres. Porque todo esto quiere decir que, sintiéndote impotente para desprenderte de esa mujer, quieres que sea yo quien te desprenda de ella. ¿No es así?

DON JUAN.—Sí, así es —y bajó la cabeza.

BERTA.—Y que te dé una voluntad de que careces...

DON JUAN.—Así es...

BERTA.—Y que luche con la voluntad de ella...

DON JUAN.—Así es...

BERTA.—¡Pues así será!

DON JUAN.—¡Oh Berta... Berta...!

BERTA.—Estate quieto. Mírame y no me toques. Pueden de un momento a otro aparecer mis padres.

DON JUAN.—¿Y ellos, Berta?

BERTA.—¿Pero eres tan simple, Juan, como para no ver que esto lo teníamos previsto y tratado de ello...?

DON JUAN.—Entonces...

BERTA.—Que acudiremos todos a salvarte.

IV

El arreglo de la boda con Berta emponzoñó los cimientos todos del alma del pobre Juan. Los padres de Berta, los señores Lapeira, ponían un gran empeño en dejar bien asegurado y a cubierto de toda contingencia el porvenir económico de su hija, y acaso pensaban en el suyo propio. No era, como algunos creían, hija única, sino que tenían un hijo que de muy joven se había ido a América y del que no se volvió a hablar, y menos en su casa. Los señores Lapeira pretendían que Juan dotase a Berta antes de tomarla por mujer, y resistíanse, por su parte, a darle a su futuro yerno cuenta del estado de su fortuna. Y Juan se resistía, a su vez, a ese dotamiento, alegando que luego de casado haría un testamento en que dejase heredera universal de sus bienes a su mujer, después de haber entregado un pequeño caudal —y en esto sus futuros suegros estaban de acuerdo— a Raquel.

No era Raquel un obstáculo ni para los señores Lapeira ni para su hija. Aveníanse a vivir en buenas relaciones con ella, como con una amiga inteligente y que había sido en cierto modo una salvadora de Juan, seguros padres e hija de que ésta sabría ganar con suavidad y maña el corazón de su marido por entero, y que al cabo Raquel misma contribuiría a la felicidad del nuevo matrimonio. ¡Con tal que se le asegurase la vida y la consideración de las gentes decentes y de bien! No era, después de todo, ni una aventurera vulgar ni una que se hubiese nunca vendido al mejor postor. Su enredo con Juan fue obra de pura pasión, de compasión acaso —pensaban y querían pensar los señores Lapeira.

Pero lo grave del conflicto, lo que ni los padres de la angelical Berta ni nadie en la ciudad —¡y eso que se pretendía conocer a la viuda!— podía presumir era que Raquel había hecho firmar a Juan una escritura por la cual los bienes inmuebles todos de éste aparecían comprados por aquélla, y todos los otros valores que poseía estaban a nombre de ella. El pobre Juan no aparecía ya sino como su administrador y apoderado. Y esto supo la astuta mujer mantenerlo secreto. Y a la vez conocía mejor que nadie el estado de la fortuna de los señores Lapeira.

RAQUEL.—Mira, Juan, dentro de poco, tal vez antes de que os caséis, y en todo caso poco después de vuestra boda, la pequeña fortuna de los padres de Berta, la de tu futura esposa..., esposa, ¿eh?, no mujer, ¡esposa...![23], la de tu futura esposa, será mía..., es decir nuestra...

DON JUAN.—¿Nuestra?

RAQUEL.—Sí, será para el hijo que tengamos, si es que tu esposa nos lo da... Y si no...

DON JUAN.—Me estás matando, Quelina...

RAQUEL.—Cállate, michino. Ya le tengo echada la garra a esa fortuna. Voy a comprar créditos e hipotecas... ¡Oh, sí; después de todo, esa Raquel es una buena persona, toda una señora, y ha salvado al que ha de ser el marido de nuestra hija y el salvador de

---

[23]   Esposa significa para Unamuno la cónyuge oficial, sancionada por las leyes. Mujer, la compañera que vive la misma vida del varón; por eso convive con él. Claro que en el matrimonio legal puede haber verdadera convivencia, como demuestra el matrimonio de Unamuno, y fuera puede darse la pareja que cohabita, pero no convive. En 1909 hablaba de su esposa Concha como de «la única mujer en que me he adentrado en vida y para vida» (X, 201).

MIGUEL DE UNAMUNO

TRES NOVELAS EJEMPLARES
Y UN PRÓLOGO

Edición
Ciriaco Morón Arroyo

COLECCIÓN AUSTRAL

ESPASA CALPE

Primera edición: 11-IV-1939
Decimoctava edición: 13-VI-1990

—

© *Herederos de Miguel de Unamuno*
© *De esta edición: Espasa-Calpe, S. A.*

—

Maqueta de cubierta: Enric Satué

—

Depósito legal: M. 19.103—1990

ISBN: 84-239-1941-2

Impreso en España
Printed in Spain

Talleres gráficos de la Editorial Espasa-Calpe, S. A.
Carretera de Irún, km. 12,200. 28049 Madrid

nuestra situación y el amparo de nuestra vejez! ¡Y lo será, vaya si lo será! ¿Por qué no?

DON JUAN.—¡Raquel! ¡Raquel!

RAQUEL.—No gimas así, Juan, que pareces un cordero al que están degollando...

DON JUAN.—Y así es...

RAQUEL.—¡No, no es así! ¡Y voy a hacerte hombre; yo voy a hacerte padre!

DON JUAN.—¿Tú?

RAQUEL.—¡Sí yo, Juan; yo Raquel!

Juan se sintió como en agonía.

DON JUAN.—Pero dime, Quelina, dime —y al decirlo le lloraba la voz—, ¿por qué te enamoraste de mí? ¿Por qué me arrebataste? ¿Por qué me has sorbido el tuétano de la voluntad? ¿Por qué me has dejado como un pelele? ¿Por qué no me dejaste en la vida que llevaba...?

RAQUEL.—¡A estas horas estarías, después de arruinado, muerto de miseria y de podredumbre!

DON JUAN.—¡Mejor, Raquel, mejor! Muerto, sí; muerto de miseria y de podredumbre. ¿No es esto miseria? ¿No es podredumbre? ¿Es que soy mío? ¿Es que soy yo? ¿Por qué me has robado el cuerpo y el alma?

El pobre don Juan se ahogaba en sollozos.

Volvió a cogerle Raquel como otras veces maternalmente, le sentó sobre sus piernas, le abrazó, le apechugó a su seno estéril, contra sus pechos, henchidos de roja sangre que no logró hacer blanca leche, y hundiendo su cabeza sobre la cabeza del hombre, cubriéndole los oídos con su desgreñada cabellera suelta, lloró, entre hipos, sobre él. Y le decía:

RAQUEL.—¡Hijo mío, hijo mío, hijo mío...! No te robé yo; me robaste tú el alma, tú, tú. Y me robaste el cuerpo... ¡Hijo mío..., hijo mío..., hijo mío! Te vi perdido, perdido, perdido. Te vi buscando lo que no se encuentra... Y yo buscaba un hijo... Y creí encon-

trarlo en ti. Y creía que me darías el hijo por el que
me muero... Y ahora quiero que me lo des...

DON JUAN.—Pero, Quelina, no será tuyo...

RAQUEL.—Sí, será mío, mío, mío... Como lo eres
tú... ¿No soy tu mujer?

DON JUAN.—Sí, tú eres mi mujer...

RAQUEL.—Y ella será tu esposa. ¡Esposa!, así
dicen los zapateros: «¡Mi esposa!» Y yo seré tu madre
y la madre de vuestro hijo..., de mi hijo...

DON JUAN.—¿Y si no le tenemos?

RAQUEL.—¡Calla, Juan, calla! ¿Si no le tenéis? ¿Si
no nos lo da...? Soy capaz de...

DON JUAN.—¡Calla, Raquel, que la ronquera de tu
voz me da miedo!

RAQUEL.—¡Sí, y de casarte luego con otra!

DON JUAN.—¿Y si consiste en mí...?

Raquel le echó de sí con gesto brusco, se puso en
pie como herida, miró a Juan con una mirada de
taladro; pero al punto, pasado el sablazo de hielo de
su pecho, abrió los brazos a su hombre, gritándole:

RAQUEL.—¡No, ven; ven, Juan, ven! ¡Hijo mío!
¡Hijo mío! ¿Para qué quiero más hijo que tú? ¿No
eres mi hijo?

Y tuvo que acostarle, calenturiento y desvanecido.

No, Raquel no consintió en asistir a la boda, como Berta y sus padres habían querido, ni tuvo que fingir enfermedad para ello, pues de veras estaba enferma.

RAQUEL.—No creí, Juan, que llegaran a tanto. Conocía su fatuidad y su presunción, la de la niña y la de sus papás; pero no los creía capaces de disponerse a afrontar así las conveniencias sociales. Cierto es que nuestras relaciones no han sido nunca escandalosas, que no nos hemos presentado en público haciendo alarde de ellas; pero son algo bien conocido de la ciudad toda. Y al empeñarse en que me convidaras a la boda no pretendían sino hacer más patente el triunfo de su hija. ¡Imbéciles! ¿Y ella? ¿Tu esposa?

DON JUAN.—Por Dios, Raquel mira que...

RAQUEL.—¿Qué? ¿Qué tal? ¿Qué tal sus abrazos? ¿Le has enseñado algo de lo que aprendiste de aquellas mujeres? ¡Porque de lo que yo te he enseñado no puedes enseñarle nada! ¿Qué tal *tu* esposa? Tú... tú no eres de ella...

DON JUAN.—No, ni soy mío...

RAQUEL.—Tú eres mío, mío, mío, michino, mío... Y ahora ya sabes vuestra obligación. A tener juicio, pues. Y ven lo menos que puedas por esta nuestra casa.

DON JUAN.—Pero, Raquel...

RAQUEL.—No hay Raquel que valga. Ahora te debes a tu esposa. ¡Atiéndela!

DON JUAN.—Pero si es ella la que me aconseja que venga de vez en cuando a verte...

RAQUEL.—Lo sabía. ¡Mentecata! Y hasta se pone a imitarme, ¿no es eso?

DON JUAN.—Sí, te imita en cuanto puede; en el vestir, en el peinado, en los ademanes, en el aire...

RAQUEL.—Sí; cuando vinisteis a verme la primera vez, en aquella visita de ceremonia casi, observé que me estudiaba...

DON JUAN.—Y dice que debemos intimar más, ya que vivimos tan cerca, tan cerquita, casi al lado...

RAQUEL.—Es su táctica para sustituirme. Quiere que nos veas a menudo juntas, que compares...

DON JUAN.—Yo creo otra cosa...

RAQUEL.—¿Qué?

DON JUAN.—Que está prendada de ti, que la subyugas...

Raquel dobló al suelo la cara, que se le puso de repente intensamente pálida, y se llevó las manos al pecho, atravesado por una estocada de ahogo. Y dijo:

RAQUEL.—Lo que hace falta es que todo ello fructifique...

Como Juan se le acercara en busca del beso de despedida —beso húmedo y largo y de toda la boca otras veces—, la viuda le rechazó, diciéndole:

RAQUEL.—No, ¡ahora, ya no! Ni quiero que se lo lleves a ella ni quiero quitárselo.

DON JUAN.—¿Celos?

RAQUEL.—¿Celos? ¡Mentecato! ¿Pero crees, michino, que puedo sentir celos de tu esposa...? ¿De tu esposa? Y yo, ¿tu mujer...? ¡Para casar y dar gracia a los casados y que críen hijos para el cielo! ¡Para el cielo y para mí!

DON JUAN.—Que eres mi cielo.

RAQUEL.—Otras veces dices que tu infierno...

DON JUAN.—Es verdad.

RAQUEL.—Pero ven, ven acá, hijo mío, toma...

Le cogió la cabeza entre las manos, le dio un beso seco y ardiente sobre la frente y le dijo en despedida:

RAQUEL.—Ahora vete y cumple bien con ella. Y cumplid bien los dos conmigo. Si no, ya lo sabes, soy capaz...

VI

Y era verdad que Berta estudiaba en Raquel la manera de ganarse a su marido, y a la vez la manera de ganarse a sí misma, de ser ella, de ser mujer. Y así se dejaba absorber por la dueña de Juan y se iba descubriendo a sí misma al través de la otra. Al fin, un día no pudo resistir, y en ocasión en que las dos, Raquel y Berta, le habían mandado a su Juan a una partida de caza con los amigos, fue la esposa a ver a la viuda.

BERTA.—Le chocará verme por aquí, así, sola...

RAQUEL.—No, no me choca... Y hasta esperaba su visita...

BERTA.—¿Esperarla?

RAQUEL.—La esperaba, sí. Después de todo, algo me parece haber hecho por su esposo, por nuestro buen Juan, y acaso el matrimonio...

BERTA.—Sí, yo sé que si usted, con su amistad, no le hubiese salvado de las mujeres...

RAQUEL.—¡Bah! De las mujeres...

BERTA.—Y he sabido apreciar también su generosidad...

RAQUEL.—¿Generosidad? ¿Por qué? ¡Ah, sí, ya caigo! ¡Pues no, no! ¿Cómo iba a ligarle a mi suerte? Porque, en efecto, él quiso casarse conmigo...

BERTA.—Lo suponía...

RAQUEL.—Pero como estábamos a prueba y la bendición del párroco, aunque nos hubiese casado y dado la gracia de casados, no habría hecho que criásemos hijos para el cielo... ¿Por qué se ruboriza así, Berta? ¿No ha venido a que hablemos con el corazón desnudo en la mano...?

BERTA.—¡Sí, sí, Raquel, sí; hábleme así!

RAQUEL.—No podía sacrificarle así a mi egoísmo. ¡Lo que yo no he logrado, que lo logre él!

BERTA.—¡Oh, gracias, gracias!

RAQUEL.—¿Gracias? ¡Gracias, no! ¡Lo he hecho por él!

BERTA.—Pues por haberlo hecho por él... ¡gracias!

RAQUEL.—¡Ah!

BERTA.—¿Le choca?

RAQUEL.—No, no me choca; pero ya irá usted aprendiendo...

BERTA.—¿A qué? ¿A fingir?

RAQUEL.—¡No; a ser sincera!

BERTA.—¿Cree que no lo soy?

RAQUEL.—Hay fingimientos muy sinceros. Y el matrimonio es una escuela de ellos.

BERTA.—¿Y cómo...?

RAQUEL.—¡Fui casada!

BERTA.—¡Ah, sí; es cierto que es usted viuda!

RAQUEL.—Viuda... Viuda... Siempre lo fui. Creo que nací viuda... Mi verdadero marido se me murió antes de yo nacer... ¡Pero dejémonos de locuras y desvaríos! ¿Y cómo lleva a Juan?

BERTA.—Los hombres...

RAQUEL.—¡No, el hombre, el hombre! Cuando me dijo que yo le había salvado a nuestro Juan de las mujeres me encogí de hombros. Y ahora le digo, Berta, que tiene que atender al hombre, a su hombre. Y buscar al hombre en él...

BERTA.—De eso trato; pero...

RAQUEL.—¿Pero qué?

BERTA.—Que no le encuentro la voluntad... [24].

RAQUEL.—¿Y viene usted a buscarla aquí acaso?

BERTA.—¡Oh, no, no! Pero...

RAQUEL.—Con esos peros no irá usted a ninguna parte...

BERTA.—¿Y adónde he de ir?

RAQUEL.—¿Adónde? ¿Quiere usted que le diga adónde?

Berta, intensamente pálida, vaciló, mientras los ojos de Raquel, acerados, hendían el silencio. Y al cabo:

BERTA.—Sí. ¿Adónde?

RAQUEL.—¡A ser madre! Ésa es su obligación. ¡Ya que yo no he podido serlo, séalo usted!

Hubo otro silencio opresor, que rompió Berta exclamando:

BERTA.—¡Y lo seré!

RAQUEL.—¡Gracias a Dios! ¿No le pregunté si venía acá a buscar la voluntad de Juan? ¡Pues la voluntad de Juan, de nuestro hombre, es ésa, es hacerse padre!

BERTA.—¿La suya?

RAQUEL.—Sí, la suya. ¡La suya, porque es la mía!

BERTA.—Ahora más que nunca admiro su generosidad.

---

[24]   Ya en *En torno al casticismo* cita Unamuno a Schopenhauer, que ponía en los órganos genitales la sede de la voluntad. *En torno al casticismo,* cap. III, sección 2. Madrid, Espasa-Calpe (Col. Austral, núm. 403), 1968, pág. 76. «Los genitales son el auténtico centro *(Brennpunkt)* de la voluntad; por tanto, el polo opuesto del cerebro» (Schopenhauer, *Die Welt als Wille und Vorstellung* [El mundo como voluntad y representación], lib. IV, # 60, 3.ª ed., München, 1911, I, 390. Adiciones, # 45, II, 653). Unamuno tradujo al español el libro *Der Wille in der Natur* (Sobre la voluntad en la naturaleza, Madrid, Rodríguez Serra, 1900). En su biblioteca tenía las *Obras completas,* edición de 1892, y varios títulos sueltos (Valdés, pág. 225). En un índice onomástico de la obra de Unamuno, Schopenhauer aparecería muchas veces; pero sólo por tres o cuatro frases que se repiten siempre.

RAQUEL.—¿Generosidad? No, no... Y cuenten siempre con mi firme amistad, que aún puede serles útil...

BERTA.—No lo dudo...

Y al despedirla, acompañándola hasta la puerta, le dijo:

RAQUEL.—¡Ah! Diga usted a sus padres que tengo que ir a verlos...

BERTA.—¿A mis padres?

RAQUEL.—Sí, cuestión de negocios... Para consolarme de mi viudez me dedico a negocios, a empresas financieras...

Y después de cerrar la puerta, murmuró: «¡Pobre esposa!»

VII

Cuando, por fin, una mañana de otoño, le anunció Berta a su marido que iba a hacerle padre, sintió éste sobre la carne de su alma torturada el doloroso roce de las dos cadenas que le tenían preso. Y empezó a sentir la pesadumbre de su voluntad muerta. Llegaba el gran combate. ¿Iba a ser suyo, de verdad, aquel hijo? ¿Iba a ser él padre? ¿Qué es ser padre?

Berta, por su parte, sentíase como transportada. ¡Había vencido a Raquel! Pero a la vez sentía que tal victoria era un vencimiento. Recordaba palabras de la viuda y su mirada de esfinge al pronunciarlas.

Cuando Juan llevó la buena nueva a Raquel palideció ésta intensísimamente, le faltó el respiro, encendiósele luego el rostro, se le oyó anhelar, le brotaron gotas de sudor, tuvo que sentarse y, al cabo, con voz de ensueño, murmuró:

RAQUEL.—¡Al fin te tengo, Juan!

Y le cogió y le apretó a su cuerpo, palpitante, frenéticamente, y le besó en los ojos y en la boca, y le apartaba de sí para tenerle a corto trecho, con las palmas de las manos en las mejillas de él, mirándole a los ojos, mirándose en las niñas de ellos, pequeñita, y luego volvía a besarle[25]. Miraba con ahínco su

---

[25] Esta escena recuerda a Hamlet penetrando con sus ojos en las entrañas de Ofelia: «He took me by the wrist and held me hard. / Then goes he to the length of all his arm /, And with his other hand thus o'er his brow / He falls to such perusal of my face / As 'a would draw it. Long stayed he so» (*Hamlet*, II-1, vv. 87-91).

propio retrato, minúsculo, en los ojos de él, y luego, como loca, murmurando con voz ronca: «¡Déjame que te bese!», le cubría los ojos de besos. Y Juan creía enloquecer.

RAQUEL.—Y ahora, ahora ya puedes venir más que antes... Ahora ya no la necesitas tanto...

DON JUAN.—Pues, sin embargo, es ahora cuando más me quiere junto a sí...

RAQUEL.—Es posible... Sí, sí, ahora se está haciendo... Es verdad... Tienes que envolver en cariño al pobrecito... Pero pronto se cansará ella de ti..., le estorbarás...

Y así fue. En los primeros meses, Berta le quería junto a sí y sentirse mimada. Pasábase las horas muertas con su mano sobre la mano de su Juan, mirándole a los ojos. Y sin querer, le hablaba de Raquel.

BERTA.—¿Qué dice de esto?

DON JUAN.—Tuvo un gran alegrón al saberlo...

BERTA.—¿Lo crees?

DON JUAN.—¡Pues no he de creerlo...!

BERTA.—¡Yo no! Esa mujer es un demonio... un demonio que te tiene fascinado.

DON JUAN.—¿Y a ti no?

BERTA.—¿Qué bebedizo te ha dado, Juan?

DON JUAN.—Ya salió aquello...

BERTA.—Pero ahora serás mío, sólo mío...

«¡Mío!, ¡mío! —pensó Juan—. ¡Así dicen las dos!»

BERTA.—¡Tenemos que ir a verla!

DON JUAN.—¿Ahora?

BERTA.—Ahora, sí, ahora. ¿Por qué no?

DON JUAN.—¿A verla o a que te vea?

BERTA.—¡A verla que me vea! ¡A ver cómo me ve!

Y Berta hacía que Juan la pasease, e íbase colgada de su brazo, buscando las miradas de las gentes. Pero meses después, cuando le costaba ya moverse con soltura, ocurrió lo que Raquel había anticipado, y fue que ya su marido le estomagaba y que buscaba la soledad. Entró en el período de mareos, bascas y vómitos, y alguna vez le decía a su Juan: «¿Qué haces, hombre; qué haces ahí? Anda, vete a tomar el fresco y déjame en paz... ¡Qué lástima que no paséis estas cosas vosotros los hombres...! Quítate de ahí, hombre; quítate de ahí, que me mareas... ¿No te estarás quieto? ¿No dejarás en paz esa silla...? ¡Y no, no, no me sobes! ¡Vete, vete y tarda en volver, que voy a acostarme! Anda, vete, vete a verla y comentad mi pasión²⁶... Ya sé, ya sé que quisiste casarte con ella, y sé que no te quiso por marido...»

DON JUAN.—Qué cosas estás diciendo, Berta...

BERTA.—Pero si me lo ha dicho ella, ella misma, que al fin es una mujer, una mujer como yo...

DON JUAN.—¡Como tú..., no!

BERTA.—¡No, como yo, no! Ella no ha pasado por lo que estoy pasando... Y los hombres sois todos unos cochinos... Anda, vete, vete a verla... Vete a ver a tu viuda...

Y cuando Juan iba de su casa a casa de Raquel y le contaba todo lo que la esposa le había dicho, la viuda casi enloquecía de placer. Y repetíase lo de los besos en los ojos. Y le retenía consigo. Alguna vez le retuvo toda la noche, y al amanecer, abriéndole la puerta para que se deslizase afuera, le decía tras del último beso: «Ahora que no te espera, vete, vete y consuélala con buenas palabras... Y dile que no la olvido y que espero...»

---

²⁶ Sufrimiento de mujer embarazada. Agonía de ser madre por medio de un hombre que no es suyo; miedo de ser instrumento de la maternidad de Raquel.

I

¡Cómo le pesaba Raquel al pobre don Juan! La viuda aquella, con la tormenta de no tener hijos en el corazón del alma, se le había agarrado y le retenía en la vida que queda, no en lo que pasa[15]. Y en don Juan había muerto, con el deseo, la voluntad. Los ojos y las manos de Raquel apaciguaban y adormecían todos sus apetitos, aquel hogar solitario, constituido fuera de la ley, era como en un monasterio la celda de una pareja enamorada.

¿Enamorada? ¿Estaba él, don Juan, enamorado de Raquel? No, sino absorto por ella, sumergido en ella, perdido en la mujer y en su viudez. Porque Raquel era, pensaba don Juan, ante todo y sobre todo, la viuda y la viuda sin hijos; Raquel parecía haber nacido viuda. Su amor era un amor furioso, con sabor a muerte, que buscaba dentro de su hombre,

---

[15] Expresiones muy repetidas por Unamuno, que reflejan su modo de vivir el tiempo. Los términos son correlativos a eterno y temporal. En la primera etapa de su pensamiento se corresponden con intrahistoria-historia. «La temporal locura del caballero Don Quijote se desvanece en la eterna bondad del hidalgo Alonso el Bueno» (1898, III, 414). «En el seno de una celda familiar donde se oye el goteo de los instantes del tiempo que pasa y se siente el agua de la eternidad que queda» (1922, XI, 459). «A soñar, pues, lo que queda, pero despiertos a lo que pasa» (1932, I, 959). Trasfondo: «Aprovechándose del trabajo temporal para alcanzar el descanso eterno» (J. E. Nieremberg, *Epistolario,* ed. N. Alonso Cortés, Madrid, Espasa-Calpe [Clásicos Castellanos], 1957, pág. 38).

tan dentro de él que de él se salía, algo de más allá de la vida. Y don Juan se sentía arrastrado por ella a más dentro de la tierra. «¡Esta mujer me matará!» —solía decirse—, y al decírselo pensaba en lo dulce que sería el descanso inacabable, arropado en tierra, después de haber sido muerto por una viuda como aquélla.

Hacía tiempo que Raquel venía empujando a su don Juan al matrimonio, a que se casase; pero no con ella, como habría querido hacerlo el pobre hombre.

RAQUEL.—¿Casarte conmigo? ¡Pero eso, mi gatito, no tiene sentido!... ¿Para qué? ¿A qué conduce que nos casemos según la Iglesia y el Derecho Civil? El matrimonio se instituyó, según nos enseñaron en el Catecismo, para casar, dar gracia a los casados y que críen hijos para el cielo[16]. ¿Casarnos? ¡Bien casados estamos! ¿Darnos gracia? ¡Ay, michino! —y al decirlo le pasaba por sobre la nariz los cinco finísimos y ahusados dedos de su diestra—, ni a ti ni a mí nos dan ya gracia con bendiciones. ¡Criar hijos para el cielo..., criar hijos para el cielo!

Al decir esto se le quebraba la voz y temblaban en sus pestañas líquidas perlas en que se reflejaba la negrura insondable de las niñas de sus ojos.

DON JUAN.—Pero ya te he dicho, Quelina, que nos queda un recurso, y es casarnos como Dios y los hombres mandan...

RAQUEL.—¿Tú invocando a Dios, michino?

DON JUAN.—Casarnos así, según la ley, y adoptar un hijo...

RAQUEL.—¡Adoptar un hijo...! ¡Adoptar un hijo...! Sólo te faltaba decir que del Hospicio.

---

[16] La doctrina católica decía que el matrimonio era un sacramento con dos fines: primario, tener hijos y educarlos; secundario, goce de los casados en comunicarse *(mutuum obsequium)*, remedio contra la dispersión o las fantasías sexuales, y sostenimiento del orden social.

VIII

Juan se paseaba por la habitación como enajenado. Sentía pesar el vacío sobre su cabeza y su corazón. Los gemidos y quejumbres de Berta le llegaban como de otro mundo. No veía al señor Lapeira, a su suegro, sentado en un rincón oscuro a la espera del nieto. Y como el pobre Juan creía soñar, no se sorprendió al ver que la puerta se habría y entraba por ella... ¡Raquel!

—¿Usted? —exclamó don Pedro, poniéndose en pie.

RAQUEL.—¡Yo, sí, yo! Vengo por si puedo servir de algo...

DON PEDRO.—¿Usted, servir usted? ¿Y en este trance?

RAQUEL.—Sí, para ir a buscar algo o a alguien... Qué sé yo... No olvide, don Pedro, que soy viuda...

DON PEDRO.—Viuda, sí; pero...

RAQUEL.—¡No hay pero! ¡Y aquí estoy!

DON PEDRO.—Bueno; voy a decírselo a mi mujer...

Y luego se oyó la conversación de Raquel y doña Marta.

DOÑA MARTA.—Pero, por Dios, señora...

RAQUEL.—¿Qué, no soy una buena amiga de la casa?

DOÑA MARTA.—Sí, sí; pero que no lo sepa..., que no le oiga...

RAQUEL.—Y si me oye, ¿qué?

DOÑA MARTA.—Por Dios, señora, más bajo..., que no le oiga..., más bajo...

En aquel momento se oyó un grito desgarrador. Doña Marta corrió al lado de su hija y Raquel se quedó escuchando el silencio que siguió al grito. Luego se sentó. Y al sentir, al poco, que pasaba Juan a su lado, le detuvo cogiéndole de un brazo y le interrogó con un «¿qué?» de ansia.

DON JUAN.—Una niña...

RAQUEL.—¡Se llamará Raquel!

Y desapareció la viuda.

IX

En la entrevista que Juan tuvo con sus suegros, los abuelos de la nueva mujercita que llegaba al mundo, le sorprendió el que al insinuar él, lleno de temores y con los ojos de la viuda taladrándole desde las espaldas el corazón, que se la llamara Raquel a su hija, los señores Lapeira no opusieron objeción alguna. Parecían abrumados. ¿Qué había pasado allí?

DOÑA MARTA.—Sí, sí, le debemos tanto a esa señora, tanto..., y después de todo, para ti ha sido como una madre...

DON JUAN.—Sí, es verdad...

DOÑA MARTA.—Y aun creo más, y es que debe pedírsele que sea madrina de la niña.

DON PEDRO.—Tanto más cuanto que eso saldrá al paso a odiosas habladurías de las gentes...

DON JUAN.—No dirán más bien...

DON PEDRO.—No; hay que afrontar la murmuración pública. Y más cuando va extraviada. ¿O es que en esto no puedes presentarte en la calle con la cabeza alta?

DON JUAN.—¡Sin duda!

DON PEDRO.—Bástele, pues, a cada cual su conciencia.

Y miró don Pedro a su mujer como quien ha dicho una cosa profunda que le realza a los ojos de la que mejor le debe conocer.

Y más grande fue la sorpresa —que se le elevó a

terror— del pobre Juan cuando oyó que, al proponerle todo aquello, lo del nombre y lo del madrinazgo, a la madre de la niña, a Berta, ésta contestó tristemente: «¡Sea como queráis!» Verdad es que la pobre, a consecuencia de grandes pérdidas de sangre, estaba como transportada a un mundo de ensueño, con incesante zumbido de cabeza y viéndolo todo como envuelto en niebla.

Al poco, Raquel, la madrina, se instalaba casi en la casa y empezaba a disponerlo todo. La vio la nueva madre acercársele y la vio como a un fantasma del otro mundo. Brillábanle los ojos a la viuda con un nuevo fulgor. Se arrimó a la recién parida y le dio un beso, que, aunque casi silencioso, llenó con su rumor toda la estancia. Berta sentía agonizar en sueños un sueño de agonía. Y oyó la voz de la viuda, firme y segura, como de ama, que decía:

RAQUEL.—Y ahora, Berta, hay que buscar nodriza. Porque no me parece que en el estado en que se queda sea prudente querer criar a la niña. Correrían peligro las dos vidas...

Los ojos de Berta se llenaron de lágrimas.

RAQUEL.—Sí, lo comprendo, es muy natural. Sé lo que es una madre; pero la prudencia ante todo... Hay que guardarse para otras ocasiones...

BERTA.—Pero, Raquel, aunque muriese...

RAQUEL.—¿Quién? ¿La niña? ¿Mi Quelina? No, no...

Y fue y tomó a la criatura y empezó a fajarla, y luego la besaba con un frenesí tal, que la pobre nueva madre sentía derretírsele el corazón en el pecho. Y no pudiendo resistir la pesadilla, gimió:

BERTA.—Basta, basta, Raquel, basta. No vaya a molestarle. Lo que la pobrecita necesita es sueño..., dormir...

Y entonces Raquel se puso a mecer y a abrazar a la criatura, cantándole extrañas canciones en una lengua desconocida de Berta y de los suyos, así como de

Juan [27]. ¿Qué le cantaba? Y se hizo un silencio espeso en torno de aquellas canciones de cuna que parecían venir de un mundo lejano, muy lejano, perdido en la bruma de los ensueños. Y Juan, oyéndolas, sentía sueño, pero sueño de morir, y un terror loco le llenaba el corazón vacío. ¿Qué era todo aquello? ¿Qué significaba todo aquello? ¿Qué significaba su vida?

---

[27] Una lengua primigenia, de la naturaleza y no de la historia. «Y cuando le cantaba al niño, abrazándole, aquella vieja canturria paradisiaca que, aun transmitiéndosela de corazón a corazón las madres, cada una de éstas crea e inventa de nuevo, eternamente nueva poesía, siendo la misma siempre, la única, como el sol, traíale a don Rafael como un dejo de su niñez, olvidada en las lontananzas del recuerdo» («El sencillo don Rafael, cazador y tresillista», 1912, II, 632). Ver Carlos Blanco Aguinaga, *El Unamuno contemplativo,* México, El Colegio de México, 1959, págs. 146-163.

X

Más adelante, cuando Berta fue reponiéndose y empezó a despertarse del doloroso sueño del parto y se vio separada de su hijita, de su Quelina, por Raquel y por su nodriza, que Raquel buscó y que la obedecía en todo, apercibióse a la lucha. Al fin vio claro en la sima en que cayera; al fin vio a quién y a qué había sido sacrificada. Es decir, no vio todo, no podía ver todo. Había en la viuda abismos a que ella, Berta, no lograba llegar. Ni lo intentaba, pues sólo el asomarse a ellos le daba vértigo. Y luego aquellas canciones de cuna en lengua extraña.

BERTA.—¿Pero qué es eso que le canta?

RAQUEL.—¡Oh, recuerdos de mi infancia...!

BERTA.—¿Cómo?

RAQUEL.—No quiera saber más, Berta. ¿Para qué?

¡No; ella, Berta, no podía querer saber más! ¡Sabía ya demasiado! ¡Ojalá no supiera tanto! ¡Ojalá no se hubiera dejado tentar de la serpiente a probar de la fruta del árbol de la ciencia del bien y del mal! Y sus padres, sus buenos padres, parecían como huidos de la casa. Había que llevarles la nietecita a que la vieran. ¡Y era la nodriza quien se la llevaba...!

Lo que sintió entonces Berta fue encendérsele en el pecho una devoradora compasión de su hombre, de su pobre Juan. Tomábale en sus brazos flacos como para ampararle de algún enemigo oculto, de algún terrible peligro, y apoyando su cabeza sudorosa y do un mismo niño. Aquí está el niño, el... ¡don Juan de antaño! No quiero que lo partamos en dos, que sería matarle como él dice. Tómalo todo entero [29].

BERTA.—Es decir, que tú...

RAQUEL.—¡Yo soy aquí la madre de verdad, yo!

Entonces Berta, fuera de sí, cogió a su marido, que se dejaba hacer, del brazo, arrancándole de bajo el yugo de Raquel, se lo presentó a ésta y le gritó:

BERTA.—¡Pues bien, no! La madre soy yo, yo, yo... Y le quiero entero, le quiero más entero que tú. Tómalo y acaba de matarlo. ¡Pero dame a mi hija, devuélveme a mi hija!

RAQUEL.—¿Qué hija?

BERTA.—A... a... a...

Le quemaba los labios el nombre.

RAQUEL.—¿A mi Quelina? ¡Que es yo misma, yo...! ¿Que me entregue yo? ¿Que te entregue mi Quelina, mi Raquel, para que hagas de ella otra como tú, otra Berta Lapeira, otra como vosotras las honradas esposas? ¡Ah!, también yo fui esposa; sí, esposa; también yo sé...

BERTA.—¿Y qué culpa tengo yo de que ni tu marido ni luego Juan pudiesen contigo lo que éste conmigo ha podido, lo que he podido yo con él?

RAQUEL.—¿Y tú, Juan, tú *hi-jo mí-o,* te vas a repartir? ¿O estás para tu esposa entero?

Juan huyó de las dos.

---

[29]   Antiguo Testamento, *Reyes,* libro 1, cap. 3, vv. 16-28.

XI

Juan huyó de las dos, y algo más. ¿Cómo fue ello? Sólo se supo que, habiendo salido en excursión hacia la sierra, en automóvil, lo volvieron a su casa moribundo y se murió en ella sin recobrar el conocimiento. Ni el *chauffeur,* ni el amigo que le acompañaba supieron explicar bien lo ocurrido. Al bordear un barranco le vieron desaparecer del carruaje —no sabían decir si porque cayó o porque se tirara—, le vieron rodar por el precipicio, y cuando luego le recogieron estaba destrozado. Tenía partida la cabeza y el cuerpo todo magullado.

¡Qué mirada la que Raquel y Berta se cruzaron sobre el cuerpo blanco y quieto de su Juan!

BERTA.—Ahora lo de la niña, lo de mi hija, está claro...

RAQUEL.—Claro. ¿Y de qué va a vivir? ¿Quién la va a mantener? ¿Quién la va a educar? ¿Y cómo? Y tú, ¿de qué vas a vivir? ¿Y de qué van a vivir tus padres?

BERTA.—¿Y la fortuna de Juan?

RAQUEL.—¡Juan no deja fortuna alguna...! ¡Todo lo que hay aquí es mío! ¡Y si no lo sabías, ya lo sabes!

BERTA.—¡Ladrona! ¡Ladrona! ¡Ladrona!

RAQUEL.—Esas son palabras, y no sabes quién le ha robado a quién. Acaso la ladrona eres tú...; las ladronas sois vosotras, las de tu condición. Y no quiero que hagáis de mi Quelina, de mi hija, una ladrona como vosotras... Y ahora piénsalo bien con tus padres. Piensa si os conviene vivir como mendigos o en paz con la ladrona.

BERTA.—¿En paz?

RAQUEL.—¡A los ojos del mundo, en paz!

*

Berta tuvo largas conversaciones con sus padres, los señores Lapeira, y los tres, con un abogado de mucha nota y reputación, informáronse del testamento de don Juan, en que aparecía no tener nada propio; del estado de su fortuna, toda ella en poder de Raquel, y al cabo aceptaron el compromiso. Los sostendría Raquel, a la que había, a cambio, que ceder la niña.

El único consuelo era que Berta volvería a ser madre y que Raquel consignaría un capitalito a nombre del hijo o hija póstuma del pobre don Juan. Pero ¿cómo se criaría esta desdichada criatura?

RAQUEL.—Si te vuelves a casar —le dijo Raquel a Berta—, te dotaré. Piénsalo. No se está bien de viuda.

EL MARQUÉS DE LUMBRÍA

La casona solariega de los marqueses de Lumbría, el palacio, que es como se le llamaba en la adusta ciudad de Lorenza, parecía un arca de silenciosos recuerdos del misterio. A pesar de hallarse habitada, casi siempre permanecía con las ventanas y los balcones que daban al mundo cerrados. Su fachada, en la que se destacaba el gran escudo de armas del linaje de Lumbría, daba al Mediodía, a la gran plaza de la Catedral, y frente a la ponderosa y barroca fábrica de ésta; pero como el sol la bañaba casi todo el día, y en Lorenza apenas hay días nublados, todos sus huecos permanecían cerrados. Y ello porque el excelentísimo señor marqués de Lumbría, don Rodrigo Suárez de Tejada, tenía horror a la luz del sol y al aire libre. «El polvo de la calle y la luz del sol —solía decir— no hacen más que deslustrar los muebles y echar a perder las habitaciones, y luego, las moscas...» El marqués tenía verdadero horror a las moscas, que podían venir de un andrajoso mendigo, acaso de un tiñoso. El marqués temblaba ante posibles contagios de enfermedades plebeyas. Eran tan sucios los de Lorenza y su comarca...

Por la trasera daba la casona al enorme tajo escarpado que dominaba al río. Una manta de yedra cubría por aquella parte grandes lienzos del palacio. Y aunque la yedra era abrigo de ratones y otras alimañas, el marqués la respetaba. Era una tradición de familia. Y en un balcón puesto allí, a la umbría [30], libre del sol y de sus moscas, solía el marqués ponerse a leer mientras le arrullaba el rumor del río, que gruñía en el congosto [31] de su cauce, forcejeando con espumarajos por abrirse paso entre las rocas del tajo.

El excelentísimo señor marqués de Lumbría vivía con dos hijas, Carolina, la mayor, y Luisa, y con su segunda mujer, doña Vicenta, señora de brumoso seso, que cuando no estaba durmiendo estaba quejándose de todo, y en especial del ruido. Porque así como el marqués temía al sol, la marquesa temía al ruido, y mientras aquél se iba en las tardes de estío a leer en el balcón en sombra, entre yedra, al son del canto secular del río, la señora se quedaba en el salón delantero a echar la siesta sobre una vieja butaca de raso, a la que no había tocado el sol, y al arrullo del silencio de la plaza de la Catedral.

El marqués de Lumbría no tenía hijos varones, y ésta era la espina dolorosísima de su vida. Como que para tenerlos se había casado, a poco de enviudar con su mujer, con doña Vicenta, su señora, y la señora le había resultado estéril.

La vida del marqués transcurría tan monótona y cotidiana, tan consuetudinaria y ritual, como el gruñir del río en lo hondo del tajo o como los oficios litúrgicos del cabildo de la Catedral. Administraba sus fincas y dehesas, a las que iba en visita, siempre corta, de vez en cuando, y por la noche tenía su partida de tresillo con el penitenciario, consejero íntimo de la familia, un beneficiado y el registrador de la propiedad [32]. Llegaban a la misma hora, cruza-

---

[30]   Umbría es «parte de terreno en que casi siempre hace sombra, por estar expuesta al Norte» (DRAE). Es palabra común entre los pastores. De ella provienen el título del marqués y el de la novela.

[31]   Congosto: «desfiladero entre montañas» (DRAE).

[32]   En este caso la vida cotidiana, la «intrahistoria» del primer

ban la gran puerta, sobre la que se ostentaba la placa del Sagrado Corazón de Jesús con su «Reinaré en España y con más veneración que en otras partes» [33], sentábanse en derredor de la mesita —en invierno una camilla—, dispuesta ya, y al dar las diez, como por máquina de reloj, se iban alejando, aunque hubiera puestas, para el siguiente día. Entre tanto, la marquesa dormitaba y las hijas del marqués hacían labores, leían libros de edificación —acaso otros obtenidos a hurtadillas— o reñían una con otra.

Porque como para matar el tedio que se corría desde el salón cerrado al sol y a las moscas, hasta los muros vestidos de yedra, Carolina y Luisa tenían que reñir. La mayor, Carolina, odiaba al sol, como su padre, y se mantenía rígida y observante de las tradiciones de la casa; mientras Luisa gustaba de cantar, de asomarse a las ventanas y los balcones y hasta de criar en éstos flores de tiesto, costumbre plebeya, según el marqués. «¿No tienes el jardín?» le decía éste a su hija, refiriéndose a un jardincillo anejo

---

período de Unamuno, cobra sentido negativo. Resuena la tertulia del poema de Machado: «Este hombre del casino provinciano / que vio a Carancha recibir un día /, tiene mustia la tez, el pelo cano /, ojos velados por melancolía» (*Poesías completas,* CXXXI). Penitenciario era el canónigo de una catedral encargado de las confesiones. En la literatura es digno de recuerdo don Inocencio, penitenciario de *Doña Perfecta* de Galdós. Beneficiado es un clérigo encargado de algún servicio en la catedral.

[33] A fines del siglo XIX comenzaron los jesuitas a difundir la devoción al Corazón de Jesús. Se popularizó la creencia de que Jesús, apareciéndose a un padre de la Compañía, le había prometido reinar en España «con más veneración que en otras partes». A la luz de los males de la patria, Unamuno y otros intelectuales reaccionaron con sarcasmo ante las promesas divinas. Machado contrapone la nueva devoción a la supuestamente más recia y española de los místicos: «Teresa, alma de fuego / Juan de la Cruz, espíritu de llama / por aquí hay mucho frío, padres, nuestros / corazoncitos de Jesús se apagan (*Poesías completas,* CXXXVI-xx). Unamuno: «El Cerro de los Ángeles, donde se alza el monumento al Sagrado Corazón de la Compañía de Jesús» (1932, I, 983).

al palacio, pero al que rara vez bajaban sus habitantes. Pero ella, Luisa, quería tener tiestos en el balcón de su dormitorio, que daba a una calleja de la plaza de la Catedral, y regarlos, y con este pretexto asomarse a ver quién pasaba. «Qué mal gusto de atisbar lo que no nos importa...», decía el padre; y la hermana mayor, Carolina, añadía: «¡No, sino de andar a caza!» Y ya la tenían armada.

Y los asomos al balcón del dormitorio y el riego de las flores de tiestos dieron su fruto. Tristán Ibáñez del Gamonal [34], de una familia linajuda también y de las más tradicionales de la ciudad de Lorenza, se fijó en la hija segunda del marqués de Lumbría, a la que vio sonreír, con ojos como de violeta y boca como de geranio, por entre las flores del balcón de su dormitorio. Y ello fue que, al pasar un día Tristán por la calleja, se le vino encima el agua del riego que rebosaba de los tiestos, y al exclamar Luisa: «¡Oh, perdone, Tristán!», éste sintió como si la voz doliente de una princesa presa en un castillo encantado le llamara a su socorro.

—Esas cosas, hija —le dijo su padre—, se hacen en forma y seriamente. ¡Chiquilladas, no!

—Pero ¿a qué viene eso, padre? —exclamó Luisa.

—Carolina te lo dirá.

Luisa se quedó mirando a su hermana mayor, y ésta dijo:

—No me parece, hermana, que nosotras, las hijas de los marqueses de Lumbría, hemos de andar haciendo las osas en cortejos y pelando la pava [35] desde

---

[34] «Carro es en vascuence *muno*. (Mi apellido significa carro de gamonas o adelfas, o sea: *gamonal*»). Carta a Ricardo Rojas, 6 de octubre de 1919, en M. García Blanco, *América y Unamuno*, Madrid, Gredos, 1964, pág. 314. «Unamuno significa en vascuence colina de gamonas o sea, "gamonal", o "gamoneda", y la gamona es el asfodelo» (*Teresa,* Presentación, 1924, XIV, 278).

[35] Pelar la pava es «tener amorosas pláticas los mozos con las mozas; ellos, desde la calle, y ellas, asomadas a rejas o balcones»

el balcón como las artesanas. ¿Para eso eran las flores?

—Que pida entrada ese joven —sentenció el padre—, y pues que, por mi parte, nada tengo que oponerle, todo se arreglará. ¿Y tú, Carolina?

—Yo —dijo ésta— tampoco me opongo.

Y se le hizo a Tristán entrar en la casa como pretendiente formal a la mano de Luisa. La señora tardó en enterarse de ello.

Y mientras transcurría la sesión de tresillo, la señora dormitaba en un rincón de la sala, y, junto a ella, Carolina y Luisa, haciendo labores de punto o de bolillos, cuchicheaban con Tristán, al cual procuraban no dejarle nunca solo con Luisa, sino siempre con las dos hermanas. En esto era vigilantísimo el padre. No le importaba, en cambio, que alguna vez recibiera a solas Carolina al que había de ser su cuñado, pues así le instruiría mejor en las tradiciones y costumbres de la casa.

*

Los contertulios tresillistas, la servidumbre de la casa y hasta los del pueblo, a quienes intrigaba el misterio de la casona, notaron que a poco de la admisión en ésta de Tristán como novio de la segundona del marqués, el ámbito espiritual de la hierática familia pareció espesarse y ensombrecerse. La taciturnidad del marqués se hizo mayor, la señora se quejaba más que nunca del ruido, y el ruido era menor que nunca. Porque las riñas y querellas entre las dos hermanas eran mayores y más enconadas que

---

(DRAE). Pongo nota en gracia a los lectores extranjeros. Sender dramatiza el problema de una estudiante americana en Sevilla, quien explica en una carta: «La edad del pavo es la edad juvenil en que los muchachos pueden trepar o correr ágilmente y atrapar la pava hembra y pelarla» (*La tesis de Nancy*, 19.ª ed., Madrid, Novelas y Cuentos, 1969, pág. 56).

antes, pero más silenciosas. Cuando, al cruzarse en un pasillo, la una insultaba a la otra, o acaso la pellizcaba, hacíanlo como en susurro y ahogaban las quejas. Sólo una vez oyó Mariana, la vieja doncella, que Luisa gritaba: «Pues lo sabrá toda la ciudad, ¡sí, lo sabrá la ciudad toda! ¡Saldré al balcón de la plaza de la Catedral a gritárselo a todo el mundo!» «¡Calla!», gimió la voz del marqués, y luego una expresión tal, tan inaudita allí, que Mariana huyó despavorida de junto a la puerta donde escuchaba.

A los pocos días de esto, el marqués se fue de Lorenza, llevándose consigo a su hija mayor, Carolina. Y en los días que permaneció ausente, Tristán no apareció por la casa. Cuando regresó el marqués, solo, una noche se creyó obligado a dar alguna explicación a la tertulia del tresillo. «La pobre no está bien de salud —dijo mirando fijamente al penitenciario—; ello la lleva, ¡cosa de nervios!, a constantes disensiones, sin importancia, por supuesto, con su hermana, a quien, por lo demás, adora, y la he llevado a que se reponga.» Nadie le contestó nada.

Pocos días después, en familia, muy en familia, se celebraba el matrimonio entre Tristán Ibáñez del Gamonal y la hija segunda del excelentísimo señor marqués de Lumbría. De fuera no asistieron más que la madre del novio y los tresillistas.

Tristán fue a vivir con su suegro, y el ámbito de la casona se espesó y entenebreció más aún. Las flores del balcón del dormitorio de la recién casada se ajaron por falta de cuidado; la señora se dormía más que antes, y el señor vagaba como un espectro, taciturno y cabizbajo, por el salón cerrado a la luz del sol de la calle. Sentía que se le iba la vida, y se agarraba a ella. Renunció al tresillo, lo que pareció su despedida del mundo, si es que en el mundo vivió [36]. «No tengo ya la cabeza para el juego —le

---

[36]   Paralelo con el tertuliano de Machado: «Este hombre no es

dijo a su confidente el penitenciario—; me distraigo a cada momento y el tresillo no me distrae ya; sólo me queda prepararme a bien morir.»

Un día, amaneció con un ataque de perlesía. Apenas si recordaba nada. Mas en cuanto fue recobrándose, parecía agarrarse con más desesperado tesón a la vida. «No, no puedo morir hasta ver cómo queda la cosa.» Y a su hija, que le llevaba la comida a la cama, le preguntaba ansioso: «¿Cómo va eso? ¿Tardará?» «Ya no mucho, padre.» «Pues no me voy, no debo irme, hasta recibir al nuevo marqués; porque tiene que ser varón, ¡un varón!; hace aquí falta un hombre, y si no es un Suárez de Tejada, será un Rodrigo y un marqués de Lumbría.» «Eso no depende de mí, padre...» «Pues eso más faltaba, hija —y le temblaba la voz al decirlo—, que después de habérsenos metido en casa ese... botarate, no nos diera un marqués... Era capaz de...» La pobre Luisa lloraba. Y Tristán parecía un reo y a la vez un sirviente.

La excitación del pobre señor llegó al colmo cuando supo que su hija estaba para librar. Temblaba todo él con fiebre de expectativa. «Necesitaba más cuidado que la parturienta», dijo el médico.

—Cuando dé a luz Luisa —le dijo el marqués a su yerno—, si es hijo, si es marqués, tráemelo en seguida, que lo vea, para que pueda morir tranquilo[37]; tráemelo tú mismo.

Al oír el marqués aquel grito, incorporóse en la cama y quedó mirando hacia la puerta del cuarto, acechando. Poco después entraba Tristán, compungido, trayendo bien arropado al niño. «¡Marqués!»,

de ayer ni es de mañana / sino de nunca... / es una fruta vana / de aquella España que pasó y no ha sido» (CXXXI).

[37] Resuena el paso evangélico en que el anciano Simeón dice que puede morir tranquilo porque ha visto nacer a Jesús: «Ahora despides, Señor, a tu siervo, conforme a tu palabra, en paz; porque han visto mis ojos tu salvación» (Lucas, 2, 29-30).

gritó el anciano. «¡Sí!» Echó un poco el cuerpo hacia adelante a examinar al recién nacido, le dio un beso balbuciente y tembloroso, un beso de muerte, y sin mirar siquiera a su yerno se dejó caer pesadamente sobre la almohada y sin sentido. Y sin haberlo recobrado murióse dos días después.

Vistieron de luto, con un lienzo negro, el escudo de la fachada de la casona, y el negro del lienzo empezó desde luego a ajarse con el sol, que le daba de lleno durante casi todo el día. Y un aire de luto pareció caer sobre la casa toda, a la que no llevó alegría ninguna el niño.

La pobre Luisa, la madre, salió extenuada del parto. Empeñóse en un principio en criar a la criatura, pero tuvo que desistir de ello. «Pecho mercenario..., pecho mercenario...» Suspiraba. «¡Ahora, Tristán, a criar al marqués!», le repetía a su marido.

Tristán había caído en una tristeza indefinible y se sentía envejecer. «Soy como una dependencia de la casa, casi un mueble», se decía. Y desde la calleja solía contemplar el balcón del que fue dormitorio de Luisa, balcón ya sin tiestos de flores.

—Si volviésemos a poner flores en tu balcón, Luisa... —se atrevió a decirle una vez a su mujer.

—Aquí no hay más flor que el marqués —le contestó ella.

El pobre sufría con que a su hijo no se le llamase sino el marqués. Y huyendo de casa, dio en refugiarse en la Catedral. Otras veces salía, yéndose no se sabía adónde. Y lo que más le irritaba era que su mujer ni intentaba averiguarlo.

Luisa sentíase morir, que se le derretía gota a gota la vida. «Se me va la vida como un hilito de agua —decía—; siento que se me adelgaza la sangre; me zumba la cabeza, y si aún vivo, es porque me voy muriendo muy despacio... Y si lo siento, es por él, por mi marquesito, sólo por él... ¡Qué triste vida la de esta casa sin sol!... Yo creí que tú, Tristán, me hubieses traído sol, y libertad, y alegría; pero no, tú no me has traído más que al marquesito... ¡Tráemelo!» Y le cubría de besos lentos, temblorosos y febriles. Y a pesar de que se hablaran, entre marido y mujer se interponía una cortina de helado silencio. Nada decían de lo que más les atormentaba las mentes y los pechos.

Cuando Luisa sintió que el hilito de su vida iba a romperse, poniendo su mano fría sobre la frente del niño, de Rodriguín, le dijo al padre: «Cuida del marqués. ¡Sacrifícate al marqués! ¡Ah, y a ella dile que la perdono!» «¿Y a mí?», gimió Tristán. «¿A ti? ¡Tú no necesitas ser perdonado!» Palabras que cayeron como una terrible sentencia sobre el pobre hombre. Y poco después de oírlas se quedó viudo.

*

Viudo, joven, dueño de una considerable fortuna, la de su hijo el marqués, y preso en aquel lúgubre caserón cerrado al sol, con recuerdos que siendo de muy pocos años le parecían ya viejísimos, pasábase las horas muertas en un balcón de la trasera de la casona, entre la yedra, oyendo el zumbido del río. Poco después reanudaba las sesiones de tresillo. Y se pasaba largos ratos encerrado con el penitenciario, revisando, se decía, los papeles del difunto marqués y arreglando su testamentaría.

Pero lo que dio un día que hablar en toda la ciudad de Lorenza fue que, después de una ausencia de unos días, volvió Tristán a la casona con Carolina, su cuñada, y ahora su nueva mujer. ¿Pues no se decía que había entrado monja? ¿Dónde, y cómo vivió durante aquellos cuatro años?

Carolina volvió arrogante y con un aire de insólito desafío en la mirada. Lo primero que hizo al volver fue mandar quitar el lienzo de luto que cubría el escudo de la casa. «Que le dé el sol —exclamó—, que le dé el sol, y soy capaz de mandar embadurnarlo de miel para que se llene de moscas.» Luego mandó quitar la yedra. «Pero, Carolina —suplicaba Tristán—. ¡Déjate de antiguallas!»

El niño, el marquesito, sintió, desde luego, en su nueva madre al enemigo. No se avino a llamarla mamá, y a pesar de los ruegos de su padre, la llamó siempre tía. «¿Pero quién le ha dicho que soy su tía? —preguntó ella—. ¿Acaso Mariana?» «No lo sé, mujer, no lo sé —contestaba Tristán—; pero aquí, sin saber cómo, todo se sabe.» «¿Todo?» «Sí, todo; esta casa parece que lo dice todo...» «Pues callemos nosotros.»

La vida pareció adquirir dentro de la casona una recogida intensidad acerba. El matrimonio salía muy poco de su cuarto, en el que retenía Carolina a Tristán. Y en tanto, el marquesito quedaba a merced de los criados y de un preceptor que iba a diario a enseñarle las primeras letras, y del penitenciario, que se cuidaba de educarle en religión.

Reanudóse la partida de tresillo; pero durante ella, Carolina, sentada junto a su marido, seguía las jugadas de éste y le guiaba en ellas. Y todos notaban que no hacía sino buscar ocasión de ponerle la mano sobre la mano, y que de continuo estaba apoyándose en su brazo.

Y al ir a dar las diez, le decía: «¡Tristán, ya es hora!» Y de casa no salía él sino con ella, que se le dejaba casi colgar del brazo y que iba barriendo la calle con una mirada de desafío.

*

El embarazo de Carolina fue penosísimo. Y parecía no desear al que iba a venir. Cuando hubo nacido, ni quiso verlo. Y al decirle que era una niña, que nació desmedrada y enteca, se limitó a contestar secamente: «¡Sí, nuestro castigo!» Y cuando poco después la pobre criatura empezó a morir, dijo la madre: «Para la vida que hubiese llevado...»

—Tú estás así muy solo —le dijo años después un día Carolina a su sobrino, el marquesito—; necesitas compañía y quien te estimule a estudiar, y así, tu padre y yo hemos decidido traer a casa a un sobrino, a uno que se ha quedado solo...

El niño, que ya a la sazón tenía diez años, y que era de una precocidad enfermiza y triste, quedóse pensativo.

Cuando vino el otro, el intruso, el huérfano, el marquesito se puso en guardia, y la ciudad toda de Lorenza no hizo sino comentar el extraordinario suceso. Todos creyeron que como Carolina no había logrado tener hijos suyos, propios, traía el adoptivo, el intruso, para molestar y oprimir al otro, al de su hermana.

Los dos niños se miraron, desde luego, como enemigos, porque si imperioso era el uno, no lo era menos el otro. «Pues tú qué te crees —le decía Pedrito a Rodriguín, ¿que porque eres marqués vas a mandarme...? Y si me fastidias mucho, me voy y te dejo solo.» «Déjame solo, que es como quiero estar, y tú vuélvete adonde los tuyos.» Pero llegaba Carolina, y con un «¡niños!» los hacía mirarse en silencio.

—Tío —(que así le llamaba) fue diciéndole una vez Pedrito a Tristán—, yo me voy, yo me quiero ir, yo quiero volverme con mis tías; no le puedo resistir a Rodriguín; siempre me está echando en cara que yo estoy aquí para servirle y como de limosna.

—Ten paciencia, Pedrín, ten paciencia; ¿no la tengo yo? —y cogiéndole al niño la cabecita se la apretó a la boca y lloró sobre ella, lloró copiosa, lenta y silenciosamente.

Aquellas lágrimas las sentía el niño como un riego

de piedad. Y sintió una profunda pena por el pobre hombre, por el pobre padre del marquesito.

La que no lloraba era Carolina.

*

Y sucedió que un día, estando marido y mujer muy arrimados en un sofá, cogidos de las manos y mirando al vacío penumbroso de la estancia, sintieron ruido de pendencia, y al punto entraron los niños, sudorosos y agitados. «¡Yo me voy! ¡Yo me voy!», gritaba Pedrito. «¡Vete, vete y no vuelvas a mi casa!», le contestaba Rodriguín. Pero cuando Carolina vio sangre en las narices de Pedrito, saltó como una leona hacia él, gritando: «¡Hijo mío! ¡Hijo mío!» Y luego, volviéndose al marquesito, le escupió esta palabra: «¡Caín!»

—¿Caín? ¿Es acaso mi hermano? —preguntó abriendo cuanto pudo los ojos el marquesito.

Carolina vaciló un momento. Y luego, como apuñándose el corazón, dijo con voz ronca: «¡Pero es mi hijo!»

—¡Carolina! —gimió su marido.

—Sí —prosiguió el marquesito—, ya presumía yo que era su hijo, y por ahí lo dicen... Pero lo que no sabemos es quién sea su padre, ni si lo tiene.

Carolina se irguió de pronto. Sus ojos centelleaban y le temblaban los labios. Cogió a Pedrito, a su hijo, lo apretó entre sus rodillas y, mirando duramente a su marido, exclamó:

—¿Su padre? Dile tú, el padre del marquesito, dile tú al hijo de Luisa, de mi hermana, dile tú al nieto de don Rodrigo Suárez de Tejada, marqués de Lumbría, dile quién es su padre. ¡Díselo! ¡Díselo!, que si no, se lo diré yo. ¡Díselo!

—¡Carolina! —suplicó llorando Tristán.

—¡Díselo! ¡Dile quién es el verdadero marqués de Lumbría!

—No hace falta que me lo diga —dijo el niño.

—Pues bien, sí: el marqués es éste, éste y no tú; éste, que nació antes que tú, y de mí, que era la mayorazga, y de tu padre, sí, de tu padre. Y el mío, por eso del escudo... Pero yo haré quitar el escudo, y abriré todos los balcones al sol, y haré que se le reconozca a mi hijo como quien es: como el marqués.

Luego, empezó a dar voces llamando a la servidumbre, y a la señora, que dormitaba, ya casi en la imbecilidad de la segunda infancia. Y cuando tuvo a todos delante, mandó abrir los balcones de par en par, y a grandes voces se puso a decir con calma:

—Éste, éste es el marqués, éste es el verdadero marqués de Lumbría; éste es el mayorazgo. Éste es el que yo tuve de Tristán, de este mismo Tristán que ahora se esconde y llora, cuando él acababa de casarse con mi hermana, al mes de haberse ellos casado. Mi padre, el excelentísimo señor marqués de Lumbría, me sacrificó a sus principios, y acaso también mi hermana estaba comprometida como yo...

—¡Carolina! —gimió el marido.

—Cállate, hombre, que hoy hay que revelarlo todo. Tu hijo, vuestro hijo, ha arrancado sangre, ¡sangre azul! no, sino roja, y muy roja, de nuestro hijo, de mi hijo, del marqués...

—¡Qué ruido, por Dios! —se quejó la señora, acurrucándose en una butaca de un rincón.

—Y ahora —prosiguió Carolina dirigiéndose a los criados—, id y propalad el caso por toda la ciudad; decid en las plazuelas y en los patios y en las fuentes lo que me habéis oído; que lo sepan todos, que conozcan todos la mancha del escudo.

—Pero si toda la ciudad lo sabía ya... —susurró Mariana.

—¿Cómo? —gritó Carolina.

—Sí, señorita; sí; lo decían todos...

—Y para guardar un secreto que lo era a voces,

para ocultar un enigma que no lo era para nadie, para cubrir unas apariencias falsas, ¿hemos vivido así, Tristán? ¡Miseria y nada más! Abrid esos balcones, que entre la luz, toda la luz y el polvo de la calle y las moscas, y mañana mismo se quitará el escudo. Y se pondrán tiestos de flores en todos los balcones, y se dará una fiesta invitando al pueblo de la ciudad, al verdadero pueblo. Pero no; la fiesta se dará el día en que éste, mi hijo, vuestro hijo, el que el penitenciario llama hijo del pecado, cuando el verdadero pecado es el que hizo hijo al otro, el día en que éste sea reconocido como quien es y marqués de Lumbría.

Al pobre Rodriguín tuvieron que recogerle de un rincón de la sala. Estaba pálido y febril. Y negóse luego a ver ni a su padre ni a su hermano.

—Le meteremos en un colegio —sentenció Carolina.

*

En toda la ciudad de Lorenza no se hablaba luego sino de la entereza varonil con que Carolina llevaba adelante sus planes. Salía a diario, llevando del brazo y como a un prisionero a su marido, y de la mano al hijo de su mocedad. Mantenía abiertos de par en par los balcones todos de la casona, y el sol ajaba el raso de los sillones y hasta daba en los retratos de los antepasados. Recibía todas las noches a los tertulianos del tresillo, que no se atrevieron a negarse a sus invitaciones, y era ella misma la que, teniendo al lado a su Tristán, jugaba con las cartas de éste. Y le acariciaba delante de los tertulianos, y dándole golpecitos en la mejilla, le decía: «¡Pero qué pobre hombre eres, Tristán!» Y luego a los otros: «¡Mi pobre maridito no sabe jugar solo!» Y cuando se habían ellos ido, le decía a él: «¡La lástima es, Tristán, que no tengamos más hijos... después de aquella pobre niña... aquélla sí que era hija del pecado, aquélla y no nuestro Pedrín...; pero ahora, a criar a éste, al marqués!»

Hizo que su marido lo reconociera como suyo, engendrado antes de él, su padre, haberse casado, y empezó a gestionar para su hijo, para su Pedrín, la sucesión del título. El otro, en tanto, Rodriguín, se consumía de rabia y de tristeza en un colegio.

—Lo mejor sería —decía Carolina— que le entre la vocación religiosa; ¿no la has sentido tú nunca, Tristán? Porque me parece que más naciste tú para fraile que para otra cosa...

—Y que lo digas tú, Carolina... —se atrevió a insinuar suplicante su marido.

—¡Sí, yo; lo digo yo, Tristán! Y no quieras envanecerte de lo que pasó, y que el penitenciario llama nuestro pecado, y mi padre, el marqués, la mancha de nuestro escudo. ¿Nuestro pecado? ¡El tuyo, no, Tristán; el tuyo, no! ¡Fui yo quien te seduje, yo! Ella, la de los geranios, la que te regó el sombrero, el sombrero, y no la cabeza, con el agua de sus tiestos, ella te trajo acá, a la casona; pero quien te ganó fui yo. ¡Recuérdalo! Yo quise ser la madre del marqués. Sólo que no contaba con el otro [38]. Y el otro era fuerte, más fuerte que yo. Quise que te rebelaras, y tú no supiste, no pudiste rebelarte...

—Pero Carolina...

—Sí, sí, sé bien todo lo que hubo; lo sé. Tu carne ha sido siempre muy flaca. Y tu pecado fue el dejarte casar con ella; ése fue tu pecado. ¡Y lo que me hicisteis sufrir! Pero yo sabía que mi hermana, que Luisa, no podía resistir a su traición y a tu ignominia. Y esperé. Esperé pacientemente y criando a mi hijo. Y ¡lo que es criarlo cuando media entre los dos un terrible secreto! ¡Le he criado para la venganza! Y a ti, a su padre...

---

[38]   Se refiere al otro marqués, es decir, al padre, que destinó a Luisa para esposa de Tristán.

—Sí, que me despreciará...

—¡No, despreciarte, no! ¿Te desprecio yo acaso?

—¿Pues qué otra cosa?

—¡Te compadezco! Tú despertaste mi carne y con ella mi orgullo de mayorazga. Como nadie se podía dirigir a mí sino en forma y por medio de mi padre..., como yo no iba a asomarme como mi hermana al balcón, a sonreír a la calle..., como aquí no entraban más hombres que patanes de campo o esos del tresillo, patanes también de coro [39]... Y cuando entraste aquí te hice sentir que la mujer era yo, yo, y no mi hermana... ¿Quieres que te recuerde la caída?

—¡No, por Dios, Carolina, no!

—Sí, mejor es que no te la recuerde. Y eres el hombre caído. ¿Ves cómo te decía que naciste para fraile? Pero no, no, tú naciste para que yo fuese la madre del marqués de Lumbría, de don Pedro Ibáñez del Gamonal y Suárez de Tejada. De quien haré un hombre. Y le mandaré labrar un escudo nuevo, de bronce, y no de piedra. Porque he hecho quitar el de piedra para poner en su lugar otro de bronce. Y en él una mancha roja, de rojo de sangre, de sangre roja, de sangre roja como la que su hermano, su medio hermano, tu otro hijo, el hijo de la traición y del pecado le arrancó de la cara, roja como mi sangre, como la sangre que también me hiciste sangrar tú... No te aflijas —y al decir esto le puso la mano sobre la cabeza—, no te acongojes, Tristán, mi hombre... Y mira ahí, mira el retrato de mi padre, y dime tú, que le viste morir, qué diría si viese a su otro nieto, al marqués... ¡Con que te hizo que le llevaras a tu hijo,

---

[39] A través de su personaje Unamuno alude al origen campesino de una gran mayoría del clero español. En un país como España, donde el Instituto y la Universidad sólo eran accesibles a los ricos, los seminarios y conventos han sido durante siglos los únicos centros en que los pobres han podido estudiar más allá de la escuela elemental. Ha sido un servicio social de la Iglesia que una historiografía honesta no podrá olvidar.

al hijo de Luisa! Pondré en el escudo de bronce un rubí, y el rubí chispeará al sol. ¿Pues qué creíais, que no había sangre, sangre roja, roja y no azul, en esta casa? Y ahora, Tristán, en cuanto dejemos dormido a nuestro hijo, el marqués de sangre roja, vamos a acostarnos.

Tristán inclinó la cabeza bajo un peso de siglos.

NADA MENOS QUE TODO
UN HOMBRE

La fama de la hermosura de Julia estaba esparcida por toda la comarca que ceñía a la vieja ciudad de Renada [40]; era Julia algo así como su belleza oficial, o como un monumento más, pero viviente y fresco, entre los tesoros arquitectónicos de la capital. «Voy a Renada —decían algunos— a ver la catedral y a ver a Julia Yáñez.» Había en los ojos de la hermosa como un agüero de tragedia. Su porte inquietaba a cuantos la miraban. Los viejos se entristecían al verla pasar, arrastrando tras sí las miradas de todos, y los mozos se dormían aquella noche más tarde. Y ella, consciente de su poder, sentía sobre sí la pesadumbre de un porvenir fatal. Una voz muy recóndita, escapada de lo más profundo de su conciencia, parecía decirle: «¡Tu hermosura te perderá!» Y se distraía para no oírla.

El padre de la hermosura regional, don Victorino Yáñez, sujeto de muy brumosos antecedentes morales, tenía puestas en la hija todas sus últimas y definitivas esperanzas de redención económica. Era agente de negocios, y éstos le iban de mal en peor. Su último y supremo negocio, la última carta que le quedaba por jugar, era la hija. Tenía también un hijo; pero era cosa perdida, y hacía tiempo que ignoraba su paradero.

---

[40] Renada es el nombre de la ciudad literaria en la que Unamuno sitúa el principio de esta novela. La catedral y Julia Yáñez son sus mejores joyas. Quizá por entonces estudiara ya en su seminario el joven Manuel Bueno, que después sería párroco, mártir y confesor en Valverde de Lucerna, pueblo de la diócesis de Renada.

—Ya no nos queda más que Julia —solía decirle a su mujer—; todo depende de cómo se nos case o de cómo la casemos. Si hace una tontería, y me temo que la haga, estamos perdidos.

—¿Y a qué le llamas hacer una tontería?

—Ya saliste tú con otra. Cuando digo que apenas si tienes sentido común, Anacleta...

—¡Y qué le voy a hacer, Victorino! Ilústrame tú, que eres aquí el único de algún talento...

—Pues lo que aquí hace falta, ya te lo he dicho cien veces, es que vigiles a Julia y le impidas que ande con esos noviazgos estúpidos, en que pierden el tiempo, las proporciones y hasta la salud las renatenses todas. No quiero nada de reja, nada de pelar la pava; nada de novios estudiantillos.

—¿Y qué le voy a hacer?

—¿Qué le vas a hacer? Hacerla comprender que el porvenir y el bienestar de todos nosotros, de ti y mío, y la honra, acaso, ¿lo entiendes...?

—Sí, lo entiendo.

—¡No, no lo entiendes! La honra, ¿lo oyes?[41], la honra de la familia depende de su casamiento. Es menester que se haga valer.

—¡Pobrecilla!

—¿Pobrecilla? Lo que hace falta es que no empiece a echarse novios absurdos, y que no lea esas novelas disparatadas[42] que lee y que no hacen sino levantarle los cascos y llenarle la cabeza de humo.

---

[41]   La literatura del Siglo de Oro y las convenciones sociales españolas son trasfondo suficiente para entender este lenguaje. Pero además, Unamuno tradujo en 1892 el drama *La honra* de Hermann Sudermann, en el que se mezclan igualmente honra, intereses y prejuicios sociales. Ver *La honra*, trad. de M. de Unamuno. Ed. C. Serrano y Sylvia Truxa, Bilbao, Diputación Foral de Vizcaya, 1987.

[42]   Ver más abajo: «lee cuantas quieras» (pág. 141), y el siguiente paralelo: «Lee aunque sea novelas. No son mejores las historias que llaman verdaderas» (*San Manuel Bueno, mártir*, en *O.C.*, XVI, 601).

—¡Pero y qué quieres que haga...!

—Pensar con juicio, y darse cuenta de lo que tiene con su hermosura, y saber aprovecharla.

—Pues yo, a su edad...

—¡Vamos, Anacleta, no digas más necedades! No abres la boca más que para decir majaderías. Tú, a su edad... Tú, a su edad... Mira que te conocí entonces...

—Sí, por desgracia...

Y separábanse los padres de la hermosura para recomenzar al siguiente día una conversación parecida.

Y la pobre Julia sufría, comprendiendo toda la hórrida hondura de los cálculos de su padre. «Me quiere vender —se decía—, para salvar sus negocios comprometidos; para salvarse acaso del presidio.» Y así era.

Y por instinto de rebelión, aceptó Julia al primer novio.

—Mira, por Dios, hija mía —le dijo su madre—, que ya sé lo que hay, y le he visto rondando la casa y hacerte señas, y sé que recibiste una carta suya, y que le contestaste...

—¿Y qué voy a hacer, mamá? ¿Vivir como una esclava, prisionera, hasta que venga el sultán a quien papá me venda?

—No digas esas cosas, hija mía...

—¿No he de poder tener un novio, como le tienen las demás?

—Sí, pero un novio formal.

—¿Y cómo se va a saber si es formal o no? Lo primero es empezar. Para llegar a quererse, hay que tratarse antes.

—Quererse..., quererse...

—Vamos, sí, que debo esperar al comprador.

—Ni contigo ni con tu padre se puede. Así sois los Yáñez. ¡Ay, el día que me casé!

—Es lo que yo no quiero tener que decir un día.

Y la madre, entonces, la dejaba. Y ella, Julia, se

atrevió, afrontándolo todo, a bajar a hablar con el primer novio a una ventana del piso bajo, en una especie de lonja. «Si mi padre nos sorprende así —pensaba—, es capaz de cualquier barbaridad conmigo. Pero, mejor, así se sabrá que soy una víctima, que quiere especular con mi hermosura.» Bajó a la ventana, y en aquella primera entrevista le contó a Enrique, un incipiente tenorio renatense, todas las lóbregas miserias morales de su hogar. Venía a salvarla, a redimirla. Y Enrique sintió, a pesar de su embobecimiento por la hermosa, que le abatían los bríos. «A esta mocita —se dijo él— le da por lo trágico; lee novelas sentimentales.» Y una vez que logró que se supiera en todo Renada cómo la consagrada hermosura regional le había admitido a su ventana, buscó el medio de desentenderse del compromiso. Bien pronto lo encontró. Porque una mañana bajó Julia descompuesta, con los espléndidos ojos enrojecidos, y le dijo:

—¡Ay, Enrique!; esto no se puede ya tolerar; esto no es casa ni familia: esto es un infierno. Mi padre se ha enterado de nuestras relaciones, y está furioso. ¡Figúrate que anoche, porque me defendí, llegó a pegarme!

—¡Qué bárbaro!

—No lo sabes bien. Y dijo que te ibas a ver con él...

—¡A ver, que venga! Pues no faltaba más.

Mas por lo bajo se dijo: «Hay que acabar con esto, porque ese ogro es capaz de cualquier atrocidad si ve que le van a quitar su tesoro; y como yo no puedo sacarle de trampas...»

—Di, Enrique, ¿tú me quieres?

—¡Vaya una pregunta ahora...!

—Contesta, ¿me quieres?

—¡Con toda el alma y con todo el cuerpo, nena!

—¿Pero de veras?

—¡Y tan de veras!

—¿Estás dispuesto a todo por mí?

—¡A todo, sí!

—Pues bien, róbame, llévame. Tenemos que escaparnos; pero muy lejos, muy lejos, adonde no pueda llegar mi padre.

—¡Repórtate, chiquilla!

—¡No, no, róbame; si me quieres, róbame! ¡Róbale a mi padre su tesoro, y que no pueda venderlo! ¡No quiero ser vendida: quiero ser robada! ¡Róbame!

Y se pusieron a concertar la huida.

Pero al siguiente día, el fijado para la fuga, y cuando Julia tenía preparado su hatito de ropa, y hasta avisado secretamente el coche, Enrique no compareció. «¡Cobarde, más que cobarde! ¡Vil, más que vil! —se decía la pobre Julia, echada sobre la cama y mordiendo de rabia la almohada—. ¡Y decía quererme! No, no me quería a mí, quería mi hermosura. ¡Y ni esto! lo que quería es jactarse ante toda Renada de que yo, Julia Yáñez, ¡nada menos que yo!, le había aceptado por novio. Y ahora irá diciendo cómo le propuse la fuga. ¡Vil, vil, vil! ¡Vil como mi padre; vil como hombre!» Y cayó en mayor desesperación.

—Ya veo, hija mía —le dijo su madre—, que eso ha acabado, y doy gracias a Dios por ello. Pero mira, tiene razón tu padre: si sigues así, no harás más que desacreditarte.

—¿Si sigo cómo?

—Así, admitiendo al primero que te solicite. Adquirirás fama de coqueta y...

—Y mejor, madre, mejor. Así acudirán más. Sobre todo, mientras no pierda lo que Dios me ha dado [43].

—¡Ay, ay! De la casta de tu padre, hija.

Y, en efecto, poco después admitía a otro pretendiente a novio. Al cual le hizo las mismas confidencias, y le alarmó lo mismo que a Enrique. Sólo que

---

[43] Fórmula popular para referirse a la virginidad.

Pedro era de más recio corazón. Y por los mismos pasos contados llegó a proponerle lo de la fuga.

—Mira, Julia —le dijo Pedro—, yo no me opongo a que nos fuguemos; es más, estoy encantado con ello, ¡figúrate tú! Pero, y después que nos hayamos fugado, ¿adónde vamos, qué hacemos?

—¡Eso se verá!

—¡No, eso se verá, no! Hay que verlo ahora. Yo, hoy por hoy, y durante algún tiempo, no tengo de qué mantenerte; en mi casa sé que no nos admitirían; ¡y en cuanto a tu padre...! De modo que, dime, ¿qué hacemos después de la fuga? [44].

—¿Qué? ¿No vas a volverte atrás?

—¿Qué hacemos?

—¿No vas a acobardarte?

—¿Qué hacemos, di?

—Pues... ¡suicidarnos!

—¡Tú estás loca, Julia!

—Loca, sí; loca de desesperación, loca de asco, loca de horror a este padre que me quiere vender... Y si tú estuvieses loco, loco de amor por mí te suicidarías conmigo.

—Pero advierte, Julia, que tú quieres que esté loco de amor por ti para suicidarme contigo, y no dices que te suicidarás conmigo por estar loca de amor por mí, sino loca de asco a tu padre y a tu casa. ¡No es lo mismo!

—¡Ah! ¡Qué bien discurres! ¡El amor no discurre!

Y rompieron también sus relaciones. Y Julia se decía: «Tampoco éste me quería a mí, tampoco éste.

---

[44]   Pedro es el lenguaje de la razón frente al lenguaje de la pasión encarnado por la mujer. La pregunta por el fin de una acción suele ser, según Unamuno, un subterfugio para no emprenderla. Por eso en *San Manuel* Angela se pone a escribir, a crear, «aunque... sólo Dios sabe, que no yo, con qué destino» (XVI, 583). Don Fulgencio: «Tampoco quiero sin embargos; nada de finalidad ¡O divino azar, maestro de la vida! La suprema sabiduría es saber aprovecharse del azar!» (1912, IX, 728).

Se enamoran de mi hermosura, no de mí. ¡Yo doy cartel!» Y lloraba amargamente.

—¿Ves, hija mía —le dijo su madre—: no lo decía? ¡Ya va otro!

—E irán cien, mamá; ciento, sí, hasta que encuentre el mío, el que me liberte de vosotros. ¡Querer venderme!

—Eso díselo a tu padre.

Y se fue doña Anacleta a llorar a su cuarto, a solas.

—Mira, hija mía —le dijo, al fin, a Julia su padre—, he dejado pasar eso de tus dos novios, y no he tomado las medidas que debiera; pero te advierto que no voy a tolerar más tonterías de esas. Conque ya lo sabes.

—¡Pues hay más! —exclamó la hija con amarga sorna y mirando a los ojos de su padre en son de desafío.

—¿Y qué hay? —preguntó éste, amenazador.

—Hay... ¡que me ha salido otro novio!

—¿Otro? ¿Quién?

—¿Quién? ¿A que no aciertas quién?

—Vamos, no te burles, y acaba, que me estás haciendo perder la paciencia.

—Pues nada menos que don Alberto Menéndez de Cabuérniga.

—¡Qué barbaridad! —exclamó la madre. Don Victorino palideció, sin decir nada. Don Alberto Menéndez de Cabuérniga era un riquísimo hacendado, disoluto, caprichoso en punto a mujeres, de quien se decía que no reparaba en gastos para conseguirlas; casado, y separado de su mujer. Había casado ya a dos, dotándolas espléndidamente.

—¿Y qué dices a eso, padre? ¿Te callas?

—¡Que estás loca!

—No, no estoy loca ni veo visiones. Pasea la calle, ronda la casa. ¿Le digo que se entienda contigo?

—Me voy, porque si no, esto acaba mal.

Y levantándose, el padre se fue de casa.

—¡Pero, hija mía, hija mía!

—Te digo, madre, que esto ya no le parece mal; te digo que era capaz de venderme a don Alberto.

La voluntad de la pobre muchacha se iba quebrantando. Comprendía que hasta una venta sería una redención. Lo esencial era salir de casa, huir de su padre, fuese como fuese.

*

Por entonces compró una dehesa en las cercanías de Renada —una de las más ricas y espaciosas dehesas— un indiano, Alejandro Gómez. Nadie sabía bien de su origen[45], nadie de sus antecedentes, nadie le oyó hablar nunca ni de sus padres, ni de sus parientes, ni de su pueblo, ni de su niñez. Sabíase sólo que, siendo muy niño, había sido llevado por sus padres a Cuba, primero, y a Méjico, después, y que allí, ignorábase cómo, había fraguado una enorme fortuna, una fortuna fabulosa —hablábase de varios millones de duros—, antes de cumplir los treinta y cuatro años, en que volvió a España, resuelto a afincarse en ella. Decíase que era viudo y sin hijos y corrían respecto a él las más fantásticas leyendas. Los que le trataban teníanle por hombre ambicioso y de vastos proyectos, muy voluntarioso, y muy tozudo, y muy reconcentrado. Alardeaba de plebeyo.

—Con dinero se va a todas partes —solía decir.

—No siempre, ni todos —le replicaban.

—¡Todos, no; pero los que han sabido hacerlo, sí!

---

[45] Unamuno vivió la experiencia de estar agarrado y protegido por el pasado y la de estar solo, expulsado del paraíso, con sólo nuestra vida por delante. Ya don Quijote se le presenta como un puro proyecto sin antecedentes. «Para mí es como si hubiéramos nacido ahora y sin historia. El pasado no cuenta. No tengo pasado; no quiero tenerlo. Ahora no quiero sino tener porvenir» (*Tulio Montalbán y Julio Macedo*, 1920, IX, 392).

Un señoritingo de esos que lo han heredado, un condesito o duquesín de alfeñique, no, no va a ninguna parte, por muchos millones que tenga; ¿pero yo? ¿Yo? ¿Yo, que he sabido hacerlo por mí mismo, a puño? ¿Yo?

¡Y había que oír cómo pronunciaba «yo»! En esta afirmación personal se ponía el hombre todo [46].

—Nada que de veras me haya propuesto he dejado de conseguir. ¡Y si quiero, llegaré a ministro! Lo que hay es que yo no lo quiero.

*

A Alejandro le hablaron de Julia, la hermosura monumental de Renada. «¡Hay que ver eso!» —se dijo—. Y luego que la vio: «¡Hay que conseguirla!»

—¿Sabes, padre —le dijo un día al suyo Julia—, que ese fabuloso Alejandro, ya sabes, no se habla más que de él hace algún tiempo... el que ha comprado Carbajedo...?

—¡Sí, sí, sé quién es! ¿Y qué?

—¿Sabes que también ése me ronda?

—¿Es que quieres burlarte de mí, Julia?

—No, no me burlo, va en serio; me ronda.

—¡Te digo que no te burles...!

—¡Ahí tienes su carta!

Y sacó del seno una, que echó a la cara de su padre.

—¿Y qué piensas hacer? —le dijo éste.

—¡Pues qué he de hacer...! ¡Decirle que se vea contigo y que convengáis el precio!

Don Victorino atravesó con una mirada a su hija y se salió sin decirle palabra. Y hubo unos días de

---

[46] La conexión de hombría, fuerza y percepción honda de la propia identidad recuerda aquí la asociación de Schopenhauer entre el yo, la voluntad y la conciencia de los propios órganos genitales.

lóbrego silencio y de calladas cóleras en la casa. Julia había escrito a su nuevo pretendiente una carta contestación henchida de sarcasmos y de desdenes, y poco después recibía otra con estas palabras, trazadas por mano ruda y en letras grandes, angulosas y claras: «Usted acabará siendo mía. Alejandro Gómez sabe conseguir todo lo que se propone.» Y al leerlo, se dijo Julia: «¡Éste es un hombre! ¿Será mi redentor?[47]. ¿Seré yo su redentora?» A los pocos días de esta segunda carta llamó don Victorino a su hija, se encerró con ella y casi de rodillas y con lágrimas en los ojos le dijo:

—Mira, hija mía, todo depende ahora de tu resolución: nuestro porvenir y mi honra. Si no aceptas a Alejandro, dentro de poco no podré ya encubrir mi ruina y mis trampas, y hasta mis...

—No lo digas.

—No, no podré encubrirlo. Se acaban los plazos. Y me echarán a presidio. Hasta hoy he logrado parar el golpe... ¡por ti! ¡Invocando tu nombre! Tu hermosura ha sido mi escudo. «Pobre chica», se decían.

—¿Y si le acepto?

—Pues bien; voy a decirte la verdad toda. Ha sabido mi situación, se ha enterado de todo, y ahora estoy ya libre y respiro, gracias a él. Ha pagado todas mis trampas; ha liberado mis...

—Sí lo sé, no lo digas. ¿Y ahora?

—Que dependo de él, que dependemos de él, que vivo a sus expensas, que vives tú misma a sus expensas.

---

[47] La proximidad de las palabras hombre y redentor pueden recordar las palabras de Pilatos sobre Jesús: He aquí al hombre. Pero la visión de Cristo que tiene Unamuno es opuesta a la que encarna Alejandro Gómez, nada menos que todo un hombre. Alejandro sería el Cristo-tierra de las Claras de Palencia, mientras el Cristo del cielo, el Verbo, el hombre-madre, es el pintado por Velázquez. Ver *El Cristo de Velázquez,* ed. Víctor García de la Concha, Madrid, Espasa-Calpe (Clásicos Castellanos, nueva serie, núm. 3), 1987. El poema al Cristo de Palencia en *O.C.,* XIII, 839.

—Es decir, ¿que me has vendido ya?

—No, nos ha comprado.

—¿De modo que, quieras que no, soy ya suya?

—¡No, no exige eso; no pide nada, no exige nada!

—¡Qué generoso!

—¡Julia!

—Sí, sí, lo he comprendido todo. Dile que, por mí, puede venir cuando quiera.

Y tembló después de decirlo. ¿Quién había dicho esto? ¿Era ella? No; era más bien otra que llevaba dentro y la tiranizaba [48].

—¡Gracias, hija mía, gracias!

El padre se levantó para ir a besar a su hija; pero ésta, rechazándole, exclamó:

—¡No, no me manches!

—Pero, hija.

—¡Vete a besar tus papeles! O mejor, las cenizas de aquellos que te hubiesen echado a presidio.

                              *

—¿No le dije yo a usted, Julia, que Alejandro Gómez sabe conseguir todo lo que se propone? ¿Venirme con aquellas cosas a mí? ¿A mí?

Tales fueron las primeras palabras con que el joven indiano potentado se presentó a la hija de don Victorino, en la casa de ésta. Y la muchacha tembló ante aquellas palabras, sintiéndose, por primera vez en su vida, ante un hombre. Y el hombre se le ofreció más rendido y menos grosero que ella esperaba.

A la tercera visita, los padres los dejaron solos. Julia temblaba. Alejandro callaba. Temblor y silencio se prolongaron un rato.

—Parece que está usted mala, Julia —dijo él.

----

[48] Nueva referencia a la dualidad o multitud de personajes que, según Unamuno, constituyen nuestro yo. Posible relación con Freud, aunque no depende de él. «Hay otro yo que sin mí / manda en mí más que yo mesmo» (Calderón, *La estatua de Prometeo*).

—¡No, no; estoy bien!

—Entonces, ¿por qué tiembla así?

—Algo de frío acaso...

—No, sino miedo.

—¿Miedo? ¿Miedo de qué?

—¡Miedo... a mí!

—¿Y por qué he de tenerle miedo?

—¡Sí, me tiene miedo!

Y el miedo reventó deshaciéndose en llanto. Julia lloraba desde lo más hondo de las entrañas, lloraba con el corazón. Los sollozos le agarrotaban, faltábale el respiro.

—¿Es que soy algún ogro? —susurró Alejandro.

—¡Me han vendido! ¡Me han vendido! ¡Han traficado con mi hermosura! ¡Me han vendido!

—¿Y quién dice eso?

—¡Yo, lo digo yo! ¡Pero no, no seré de usted... sino muerta!

—Serás mía, Julia, serás mía... ¡Y me querrás! ¿Vas a no quererme a mí? ¿A mí? ¡Pues no faltaba más!

Y hubo en aquel *a mí* un acento tal, que se le cortó a Julia la fuente de las lágrimas, y como que se le paró el corazón. Miró entonces a aquel hombre, mientras una voz le decía: «¡Éste es un hombre!»

—¡Puede usted hacer de mí lo que quiera!

—¿Qué quieres decir con eso? —preguntó él, insistiendo en seguir tuteándola.

—No sé... No sé lo que me digo...

—¿Qué es eso de que puedo hacer de ti lo que quiera?

—Sí, que puede...

—Pero es que lo que yo —y este *yo* resonaba triunfador y pleno— quiero es hacerte mi mujer.

A Julia se le escapó un grito, y con los grandes ojos hermosísimos irradiando asombro, se quedó mirando al hombre, que sonreía y se decía: «Voy a tener la mujer más hermosa de España.»

—¿Pues qué creías...?

—Yo creí... yo creí...

Y volvió a romper el pecho en lágrimas ahogantes. Sintió luego unos labios sobre sus labios y una voz que le decía:

—Sí, mi mujer, la mía..., mía..., mía... ¡Mi mujer legítima, claro está! ¡La ley sancionará mi voluntad! ¡O mi voluntad la ley! [49].

—¡Sí... tuya!

Estaba rendida. Y se concertó la boda.

*

—¿Qué tenía aquel hombre rudo y hermético que, a la vez que le daba miedo, se le imponía? Y, lo que era más terrible, le imponía una especie de extraño amor. Porque ella, Julia, no quería querer a aquel aventurero, que se había propuesto tener por mujer a una de las más hermosas y hacer que luciera sus millones; pero, sin querer quererle, sentíase rendida a una sumisión que era una forma de enamoramiento. Era algo así como el amor que debe encenderse en el pecho de una cautiva para con un arrogante conquistador. ¡No la había comprado, no! Habíala conquistado.

«Pero él —se decía Julia—, ¿me quiere de veras? ¿Me quiere a mí? ¿A mí?, como suele decir él. ¡Y cómo lo dice! ¡Cómo pronuncia *yo*! ¿Me quiere a mí, o es que no busca sino lucir mi hermosura? ¿Seré para él algo más que un mueble costosísimo y rarísimo? ¿Estará de veras enamorado de mí? ¿No se saciará pronto de mi encanto? De todos modos, va a ser mi marido, y voy a verme libre de este maldito hogar, libre de mi padre. ¡Porque no vivirá con nosotros, no! Le pasaremos una pensión, y que siga

---

[49] La voluntad sanciona la ley y viceversa, como el mártir muere como testigo de una causa y sanciona la causa por la que muere.

insultando a mi pobre madre, y que se enrede con las criadas. Evitaremos que vuelva a entramparse. ¡Y seré rica, muy rica, inmensamente rica!»

Mas esto no la satisfacía del todo. Sabíase envidiada por las renatenses, y que hablaban de su suerte loca, y de que su hermosura le había producido cuanto podía producirla. Pero, ¿la quería aquel hombre? ¿La quería de veras? «Yo he de conquistar su amor —decíase—. Necesito que me quiera de veras; no puedo ser su mujer sin que me quiera, pues eso sería la peor forma de venderse. ¿Pero es que yo le quiero?» Y ante él sentíase sobrecogida, mientras una voz misteriosa, brotada de lo más hondo de sus entrañas, le decía: «¡Éste es un hombre!» Cada vez que Alejandro decía *yo,* ella temblaba. Y temblaba de amor, aunque creyese otra cosa o lo ignorase.

*

Se casaron y fuéronse a vivir a la corte. Las relaciones y amistades de Alejandro eran merced a su fortuna, muchas, pero algo extrañas. Los más de los que frecuentaban su casa, aristócratas de blasón no pocos, antojábasele a Julia que debían ser deudores de su marido, que daba dinero a préstamos con sólidas hipotecas. Pero nada sabía de los negocios de él ni éste le hablaba nunca de ellos. A ella no le faltaba nada; podía satisfacer hasta sus menores caprichos; pero le faltaba lo que más podía faltarle. No ya el amor de aquel hombre a quien se sentía subyugada y como por él hechizada, sino la certidumbre de aquel amor. «¿Me quiere, o no me quiere? —se preguntaba—. Me colma de atenciones, me trata con el mayor respeto, aunque algo como a una criatura voluntariosa; hasta me mima; ¿pero me quiere?» Y era inútil querer hablar de amor, de cariño, con aquel hombre.

—Solamente los tontos hablan de esas cosas —so-

lía decir Alejandro—. «Encanto..., rica..., hermosa...,
querida...» ¿Yo? ¿Yo esas cosas? ¿Con esas cosas a
mí? ¿A mí? Ésas son cosas de novelas. Y ya sé que a ti
te gustaba leerlas.

—Y me gusta todavía.

—Pues lee cuantas quieras. Mira, si te empeñas,
hago construir en ese solar que hay ahí al lado un
gran pabellón para biblioteca y te la lleno de todas
las novelas que se han escrito desde Adán acá.

—¡Qué cosas dices...!

Vestía Alejandro de la manera más humilde y más
borrosa posible. No era tan sólo que buscase pasar,
por el traje, inadvertido: era que afectaba cierta
ordinariez plebeya. Le costaba cambiar de vestidos,
encariñándose con los que llevaba. Diríase que el día
mismo en que estrenaba un traje se frotaba con él en
las paredes para que pareciese viejo. En cambio,
insistía en que ella, su mujer, se vistiese con la mayor
elegancia posible y del modo que más hiciese resaltar
su natural hermosura. No era nada tacaño en pagar;
pero lo que mejor y más a gusto pagaba, eran las
cuentas de modistos y modistas, eran los trapos para
su Julia.

Complacíase en llevarla a su lado y que resaltara la
diferencia de vestido y porte entre uno y otra.
Recreábase en que las gentes se quedasen mirando a
su mujer, y si ella, a su vez, coqueteando, provocaba
esas miradas, o no lo advertía él, o más bien fingía no
advertirlo. Parecía ir diciendo a aquellos que la
miraban con codicia de la carne: «¿Os gusta, eh? Pues
me alegro; pero es mía, y sólo mía; conque... ¡ra-
biad!» Y ella, adivinando este sentimiento, se decía:
«¿Pero me quiere o no me quiere este hombre?»
Porque siempre pensaba en él como en *este hombre*
como en su *hombre*. O mejor, el hombre de quien era
ella, el amo. Y poco a poco se le iba formando alma
de esclava de harén, de esclava favorita, de única
esclava; pero de esclava al fin.

Intimidad entre ellos, ninguna. No se percataba de qué era lo que pudiese interesar a su señor marido. Alguna vez se atrevió ella a preguntarle por su familia.

—¿Familia? —dijo Alejandro—. Yo no tengo hoy más familia que tú, ni me importa. Mi familia soy yo, yo y tú, que eres mía.

—¿Pero y tus padres?

—Haz cuenta de que no los he tenido. Mi familia empieza en mí. Yo me he hecho solo.

—Otra cosa querría preguntarte, Alejandro, pero no me atrevo...

—¿Que no te atreves? ¿Es que te voy a comer? ¿Es que me he ofendido nunca de nada de lo que hayas dicho?

—No, nunca, no tengo queja...

—¡Pues no faltaba más!

—No, no tengo queja; pero...

—Bueno, pregunta y acabemos.

—No, no te lo pregunto.

—¡Pregúntamelo!

Y de tal modo lo dijo, con tan redondo egoísmo, que ella, temblando de aquel modo, que era a la vez que miedo, amor, amor rendido de esclava favorita, le dijo:

—Pues bueno, dime: ¿tú eres viudo...?

Pasó como una sombra un leve fruncimiento de entrecejo por la frente de Alejandro, que respondió:

—Sí, soy viudo.

—¿Y tu primera mujer?

—A ti te han contado algo...

—No; pero...

—A ti te han contado algo, di.

—Pues sí, he oído algo...

—¿Y lo has creído?

—No..., no lo he creído.

—Claro, no podías, no debías creerlo.

—No, no lo he creído.

—Es natural. Quien me quiere como me quieres tú, quien es tan mía como tú lo eres, no puede creer esas patrañas.

—Claro que te quiero... —y al decirlo esperaba a provocar una confesión recíproca de cariño.

—Bueno, ya te he dicho que no me gustan frases de novelas sentimentales. Cuanto menos se diga que se le quiere a uno, mejor.

Y, después de una breve pausa, continuó:

—A ti te han dicho que me casé en Méjico, siendo yo un mozo, con una mujer inmensamente rica y mucho mayor que yo, con una vieja millonaria, y que la obligué a que me hiciese su heredero y la maté luego. ¿No te han dicho eso?

—Sí, eso me han dicho.

—¿Y lo creíste?

—No, no lo creí. No pude creer que matases a tu mujer.

—Veo que tienes aún mejor juicio que yo creía. ¿Cómo iba a matar a mi mujer, a una cosa mía?

¿Qué es lo que hizo temblar a la pobre Julia al oír esto? Ella no se dio cuenta del origen de su temblor; pero fue la palabra *cosa* aplicada por su marido a su primera mujer.

—Habría sido una absoluta necedad —prosiguió Alejandro—. ¿Para qué? ¿Para heredarla? ¡Pero si yo disfrutaba de su fortuna lo mismo que disfruto hoy de ella! ¡Matar a la propia mujer! ¡No hay razón ninguna para matar a la propia mujer!

—Ha habido maridos, sin embargo, que han matado a sus mujeres —se atrevió a decir Julia.

—¿Por qué?

—Por celos, o porque les faltaron ellas...

—¡Bah, bah, bah! Los celos son cosas de estúpidos. Sólo los estúpidos pueden ser celosos, porque sólo a ellos les puede faltar su mujer. ¿Pero a mí? ¿A mí? A mí no me puede faltar mi mujer. ¡No pudo faltarme aquélla, no me puedes faltar tú!

—No digas esas cosas. Hablemos de otras.

—¿Por qué?

—Me duele oírte hablar así. ¡Como si me hubiese pasado por la imaginación, ni en sueños, faltarte...!

—Lo sé, lo sé sin que me lo digas; sé que no me faltarás nunca.

—¡Claro!

—Que no puedes faltarme. ¿A mí? ¿Mi mujer? ¡Imposible! Y en cuanto a la otra, a la primera, se murió ella sin que yo la matara.

Fue una de las veces en que Alejandro habló más a su mujer. Y ésta quedóse pensativa y temblorosa. ¿La quería, sí o no, aquel hombre?

*

¡Pobre Julia! Era terrible aquel su nuevo hogar; tan terrible como el de su padre. Era libre, absolutamente libre; podía hacer en él lo que se le antojase, salir y entrar, recibir a las amigas y aun amigos que prefiriera. ¿Pero la quería, o no, su amo y señor? La incertidumbre del amor del hombre la tenía como presa en aquel dorado y espléndido calabozo de puerta abierta.

Un rayo de sol naciente entró en las tempestuosas tinieblas de su alma esclava cuando se supo encinta de aquel su señor marido. «Ahora sabré si me quiere o no», se dijo.

Cuando le anunció la buena nueva, exclamó aquél:

Lo esperaba. Ya tengo un heredero y a quien hacer un hombre, otro hombre como yo. Le esperaba.

—¿Y si no hubiera venido? —preguntó ella.

—¡Imposible! Tenía que venir. ¡Tenía que tener un hijo yo, yo!

—Pues hay muchos que se casan y no lo tienen...

—Otros, sí. ¡Pero yo no! Yo tenía que tener un hijo.

—¿Y por qué?

—Porque tú no podías no habérmelo dado.

Y vino el hijo; pero el padre continuó tan herméti-co. Sólo se opuso a que la madre criara al niño.

—No, yo no dudo de que tengas salud y fuerzas para ello; pero las madres que crían se estropean mucho, y yo no quiero que te estropees: yo quiero que te conserves joven el mayor tiempo posible.

Y sólo cedió cuando el médico le aseguró que, lejos de estropearse, ganaría Julia con criar al hijo, adqui-riendo una mayor plenitud su hermosura.

El padre rehusaba besar al hijo. «Con eso de los besuqueos no se hace más que molestarlos», decía. Alguna vez lo tomaba en brazos y se le quedaba mirando.

—¿No me preguntabas una vez por mi familia? —dijo un día Alejandro a su mujer—. Pues aquí la tienes. Ahora tengo ya familia y quien me herede y continúe mi obra.

Julia pensó preguntar a su marido cuál era su obra; pero no se atrevió a ello. «¡Mi obra! ¿Cuál sería la obra de aquel hombre?» Ya otra vez le oyó la misma expresión.

*

De las personas que más frecuentaban la casa eran los condes de Bordaviella, sobre todo él, el conde, que tenía negocios con Alejandro, quien le había dado a préstamo usurario cuantiosos caudales. El conde solía ir a hacerle la partida de ajedrez a Julia, aficionada a ese juego, y a desahogar en el seno de la confianza de su amiga, la mujer de su prestamista, sus infortunios domésticos. Porque el hogar condal de los Bordaviella era un pequeño infierno, aunque de pocas llamas. El conde y la condesa ni se enten-dían ni se querían. Cada uno de ellos campaba por su cuenta, y ella, la condesa, daba cebo a la maledicen-cia escandalosa. Corría siempre una adivinanza a ella

atañedera: «¿Cuál es el cirineo [49 bis] de tanda del
conde de Bordaviella?»; y el pobre conde iba a casa
de la hermosa Julia a hacerle la partida de ajedrez y a
consolarse de su desgracia buscando la ajena.

—¿Qué, habrá estado también hoy el conde ese?
—preguntaba Alejandro a su mujer.

—El conde ese..., el conde ese...; ¿qué conde?

—¡Ése! No hay más que un conde, y un marqués, y
un duque. O para mí todos son iguales y como si
fuesen uno mismo.

—¡Pues sí, ha estado!

—Me alegro, si eso te divierte. Es para lo que sirve
el pobre mentecato.

—Pues a mí me parece un hombre inteligente y
culto, y muy bien educado y muy simpático...

—Sí, de los que leen novelas. Pero, en fin, si eso te
distrae...

—Y muy desgraciado.

—¡Bah; él se tiene la culpa!

—¿Y por qué?

—Por ser tan majadero. Es natural lo que le pasa.
A un mequetrefe como el conde ese es muy natural
que le engañe su mujer. ¡Si eso no es un hombre! No
sé cómo hubo quien se casó con semejante cosa. Por
supuesto, que no se casó con él, sino con el título. ¡A
mí me había de hacer una mujer lo que a ese
desdichado le hace la suya...!

Julia se quedó mirando a su marido y, de pronto,
sin darse apenas cuenta de lo que decía exclamó:

—¿Y si te hiciese? ¿Si te saliese tu mujer como a él
te ha salido la suya?

—Tonterías —y Alejandro se echó a reír—. Te
empeñas en sazonar nuestra vida con sal de libros. Y
si es que quieres probarme dándome celos, te equivo-
cas. ¡Yo no soy de esos! ¿A mí con esas? ¿A mí?

[49 bis]   *Cirineo,* sustituto. De Simón de Cirene, que llevó un rato
la cruz de Jesús el día de la crucifixión.

Diviértete en embromar al majadero de Bordaviella.

«¿Pero será cierto que este hombre no siente celos? —se decía Julia—. ¿Será cierto que le tiene sin cuidado que el conde venga y me ronde y me corteje como me está rondando y cortejando? ¿Es seguridad en mi fidelidad y cariño? ¿Es seguridad en su poder sobre mí? ¿Es indiferencia? ¿Me quiere o no me quiere?» Y empezaba a exasperarse. Su amo y señor marido le estaba torturando el corazón.

La pobre mujer se obstinaba en provocar celos en su marido, como piedra de toque de su querer, mas no lo conseguía.

—¿Quieres venir conmigo a casa del conde?

—¿A qué?

—¡Al té!

—¿Al té? No me duelen las tripas. Porque en mis tiempos y entre los míos no se tomaba esa agua sucia más que cuando le dolían a uno las tripas. ¡Buen provecho te haga! Y consuélale un poco al pobre conde. Allí estará también la condesa con su último amigo, el de turno. ¡Vaya una sociedad! ¡Pero, en fin, eso viste!

*

En tanto, el conde proseguía el cerco de Julia. Fingía estar acongojado por sus desventuras domésticas para así excitar la compasión de su amiga, y por la compasión llevarla al amor, y al amor culpable, a la vez que procuraba darla a entender que conocía algo también de las interioridades del hogar de ella.

—Sí, Julia, es verdad; mi casa es un infierno, un verdadero infierno, y hace usted bien en compadecerme como me compadece. ¡Ah, si nos hubiésemos conocido antes! ¡Antes de yo haberme uncido a mi desdicha! Y usted...

—Yo a la mía, ¿no es eso?

—¡No, no; no quería decir eso..., no!

—¿Pues qué es lo que usted quería decir, conde?

—Antes de haberse usted entregado a ese otro hombre, a su marido...

—¿Y usted sabe que me habría entregado entonces a usted?

—¡Oh, sin duda, sin duda...!

—¡Qué petulantes son ustedes los hombres!

—¿Petulantes?

—Sí, petulantes. Ya se supone usted irresistible.

—¡Yo..., no!

—¿Pues quién?

—¿Me permite que se lo diga, Julia?

—¡Diga lo que quiera!

—¡Pues bien, se lo diré! ¡Lo irresistible habría sido, no yo, sino mi amor! ¡Sí, mi amor!

—¿Pero es una declaración en regla, señor conde? Y no olvide que soy una mujer casada, honrada, enamorada de su marido...

—Eso...

—¿Y se permite usted dudarlo? Enamorada, sí, como me lo oye, sinceramente enamorada de mi marido.

—Pues lo que es él...

—¿Eh? ¿Qué es eso? ¿Quién le ha dicho a usted que él no me quiere?

—¡Usted misma!

—¿Yo? ¿Cuándo le he dicho yo a usted que Alejandro no me quiere? ¿Cuándo?

—Me lo ha dicho con los ojos, con el gesto, con el porte...

—¡Ahora me va a salir con que he sido yo quien le he estado provocando a que me haga el amor...! ¡Mire usted, señor conde, ésta va a ser la última vez que venga a mi casa!

—¡Por Dios, Julia!

—¡La última vez, he dicho!

—¡Por Dios, déjeme venir a verla, en silencio, a contemplarla, a enjugarme, viéndola, las lágrimas que lloro hacia dentro!...

—¡Qué bonito!

—Y lo que le dije, que tanto pareció ofenderla...

—¿Pareció? ¡Me ofendió!

—¿Es que puedo yo ofenderla?

—¡Señor conde...!

—Lo que la dije, y que tanto la ofendió, fue tan sólo que, si nos hubiésemos conocido antes de haberme yo entregado a mi mujer y usted a su marido, yo la habría querido con la misma locura que hoy la quiero... ¡Déjeme desnudarme el corazón! Yo la habría querido con la misma locura con que hoy la quiero y habría conquistado su amor con el mío. No con mi valor, no; no con mi mérito, sino sólo a fuerza de cariño. Que no soy yo, Julia, de esos hombres que creen domeñar y conquistar a la mujer por su propio mérito, por ser quienes son; no soy de esos que exigen se los quiera, sin dar, en cambio, su cariño. En mí, pobre noble venido a menos, no cabe tal orgullo.

Julia absorbía lentamente y gota a gota el veneno.

—Porque hay hombres —prosiguió el conde— incapaces de querer: pero que exigen que se los quiera, y creen tener derecho al amor y a la fidelidad incondicionales de la pobre mujer que se les rinde. Hay quienes toman una mujer hermosa y famosa por su hermosura para envanecerse de ello, de llevarla al lado como podrían llevar una leona doméstica y decir: «Mi leona; ¿veis cómo me está rendida?» ¿Y por eso querría a su leona?

—Señor conde..., señor conde, que está usted entrando en un terreno...

Entonces el de Bordaviella se le acercó aún más, y casi al oído, haciéndola sentir en la oreja, hermosísima rosada concha de carne entre zarcillos de pelo castaño refulgente, el cosquilleo de su aliento entrecortado, le susurró:

—Donde estoy entrando es en tu conciencia, Julia.

El *tú* arreboló la oreja culpable.

El pecho de Julia ondeaba como el mar al acercarse la galerna.

—Sí, Julia, estoy entrando en tu conciencia.

—¡Déjeme, por Dios, señor conde, déjeme! ¡Si entrase él ahora...!

—No, él no entrará. A él no le importa nada de ti. Él nos deja así solos, porque no te quiere... ¡No, no te quiere! ¡No te quiere, Julia, no te quiere!

—Es que tiene absoluta confianza en mí...

—¡En ti, no! En sí mismo. ¡Tiene absoluta confianza, ciega, en sí mismo! Cree que a él, por ser él, él, Alejandro Gómez, el que ha fraguado una fortuna..., no quiero saber cómo..., cree que a él no es posible que le falte mujer alguna. A mí me desprecia, lo sé...

—Sí, le desprecia a usted...

—¡Lo sabía! Pero tanto como a mí te desprecia a ti...

—¡Por Dios, señor conde, por Dios, cállese, que me está matando!

—¡Quien te matará es él, él, tu marido, y no serás la primera!

—¡Eso es una infamia, señor conde; eso es una infamia! ¡Mi marido no mató a su mujer! ¡Y váyase, váyase; váyase y no vuelva!

—Me voy; pero... volveré. Me llamarás tú.

Y se fue, dejándola malherida en el alma. «¿Tendrá razón este hombre? —se decía—. ¿Será así? Porque él me ha revelado lo que yo no quería decirme ni a mí misma. ¿Será verdad que me desprecia? ¿Será verdad que no me quiere?»

*

Empezó a ser pasto de los cotarros de maledicencia de la corte lo de las relaciones entre Julia y el conde de Bordaviella. Y Alejandro, o no se enteraba de ello, o hacía como si no se enterase. A algún amigo que empezó a hacerle veladas insinuaciones le atajó di-

ciéndole: «Ya sé lo que me va usted a decir; pero
déjelo. Ésas no son más que habladurías de la gente.
¿A mí? ¿A mí con esas? ¡Hay que dejar que las
mujeres románticas se hagan las interesantes!» ¿Sería
un...? ¿Sería un cobarde?

Pero una vez en el Casino se permitió uno, delante
de él, una broma de ambiguo sentido respecto a
cuernos, cogió una botella y se la arrojó a la cabeza,
descalabrándole. El escándalo fue formidable.

—¿A mí? ¿A mí con bromitas de esas? —decía con
su voz y su tono más contenidos—. Como si no le
entendiese... Como si no supiera las necedades que
corren por ahí, entre los majaderos, a propósito de
los caprichos novelescos de mi pobre mujer... Y estoy
dispuesto a cortar de raíz esas hablillas...

—Pero no así, don Alejandro —se atrevió a decirle uno.

—¿Pues cómo? ¡Dígame cómo!

—¡Cortando la raíz y motivo de las tales hablillas!

—¡Ah, ya! ¿Qué prohíba la entrada del conde en mi
casa?

—Sería lo mejor.

—Eso sería dar la razón a los maldicientes. Y yo
no soy un tirano. Si a mi pobre mujer le divierte el
conde ese, que es un perfecto y absoluto mentecato,
se lo juro a usted, es un mentecato, inofensivo, que se
las echa de tenorio...; si a mi pobre mujer le divierte
ese fantoche, ¿voy a quitarle la diversión porque los
demás mentecatos den en decir esto o lo otro? ¡Pues
no faltaba más...! Pero, ¿pegármela a mí? ¿A mí?
¡Ustedes no me conocen!

—Pero, don Alejandro, las apariencias...

—¡Yo no vivo de apariencias, sino de realidades!

Al día siguiente se presentaron en casa de Alejandro dos caballeros, muy graves, a pedirle una satisfacción en nombre del ofendido [50].

---

[50] En 1920 todavía se pedía en España satisfacción de ofensas

—Díganle ustedes —les contestó— que me pase la cuenta del médico o cirujano que le asista y que la pagaré, así como los daños y perjuicios a que haya lugar.

—Pero don Alejandro...

—¿Pues qué es lo que ustedes quieren?

—¡Nosotros, no! El ofendido exige una reparación..., una satisfacción..., una explicación honrosa...

—No les entiendo a ustedes..., ¡o no quiero entenderles!

—¡Y si no, un duelo!

—¡Muy bien! Cuando quiera. Díganle que cuando quiera. Pero para eso no es menester que ustedes se molesten. No hacen falta padrinos. Díganle que en cuanto se cure de la cabeza, quiero decir, del botellazo..., que me avise, que iremos donde él quiera, nos encerraremos y la emprenderemos uno con otro a trompada y a patada limpia. No admito otras armas. Y ya verá quién es Alejandro Gómez.

—¡Pero, don Alejandro, usted se está burlando de nosotros! —exclamó uno de los padrinos.

—¡Nada de eso! Ustedes son de un mundo y yo de otro. Ustedes vienen de padre ilustre, de familias linajudas... [50 bis]. Yo, se puede decir que no he tenido padres ni tengo otra familia que la que yo me he hecho. Yo vengo de la nada, y no quiero entender esas andróminas del código del honor. ¡Conque ya lo saben ustedes!

Levantáronse los padrinos, y uno de ellos, poniéndose muy solemne, con cierta energía, mas no sin respeto —que al cabo se trataba de un poderoso

---

con padrino y duelo. Véase M. Gómez Santos, *Vida de Gregorio Marañón*, Madrid, Taurus, 1971, págs. 147-48.

[50 bis] Recuerda una escena parecida de *La honra* de Sudermann, acto IV. La inspiración primera de estas ideas está en el capítulo 51 de la primera parte del *Quijote*, donde se narra que un soldado «decía que su padre era su brazo, su linaje, sus obras».

millonario y hombre de misteriosa procedencia —exclamó:

—Entonces, señor don Alejandro Gómez, permítame que se lo diga...

—Diga usted todo lo que quiera; pero midiendo sus palabras, que ahí tengo a la mano otra botella.

—¡Entonces —y levantó más la voz—, señor don Alejandro Gómez, usted no es un caballero!

—¡Y claro que no lo soy, hombre, claro que no lo soy! ¡Caballero yo! ¿Cuándo? ¿De dónde? Yo me crié burrero y no caballero, hombre. Y ni en burro siquiera solía ir a llevar la merienda al que decían que era mi padre, sino a pie, a pie y andando. ¡Claro que no soy un caballero! ¿Caballerías? ¿Caballerías a mí? ¿A mí? Vamos... vamos...

—Vámonos, sí —dijo un padrino al otro—, que aquí no hacemos ya nada. Usted, señor don Alejandro, sufrirá las consecuencias de esta su incalificable conducta.

—Entendido, y a ellas me atengo. Y en cuanto a ese..., a ese caballero de lengua desenfrenada a quien descalabré la cabeza, díganle, se lo repito, que me pase la cuenta del médico, y que tenga en adelante cuenta con lo que dice. Y ustedes, si alguna vez —que todo pudiera ser— necesitaran algo de este descalificado, de este millonario salvaje, sin sentido de honor caballeresco, pueden acudir a mí, que los serviré, como he servido y sirvo a otros caballeros.

—¡Esto no se puede tolerar, vámonos! —exclamó uno de los padrinos.

Y se fueron.

*

Aquella noche contaba Alejandro a su mujer la escena de la entrevista con los padrinos, después de haberle contado lo del botellazo, y se regodeaba en el relato de su hazaña. Ella le oía despavorida.

—¿Caballero yo? ¿Yo caballero? —exclamaba él—. ¿Yo? ¿Alejandro Gómez? ¡Nunca! ¡Yo no soy más que un hombre, pero todo un hombre, nada menos que todo un hombre!

—¿Y yo? —dijo ella, por decir algo.

—¿Tú? ¡Toda una mujer! Y una mujer que lee novelas. ¡Y él, el condesito ese del ajedrez, un nadie, nada más que un nadie! ¿Por qué te he de privar el que te diviertas con él como te divertirías con un perro faldero? Porque compres un perrito de esos de lanas, o un gatito de Angora, o un tití, y le acaricies y hasta le besuquees, ¿voy a coger el perrito, o el michino, o el tití y voy a echarlos por el balcón a la calle? ¡Pues estaría bueno! Mayormente, que podían caerle encima a uno que pase. Pues lo mismo es el condesito ese, otro gozquecillo, o michino, o tití. ¡Diviértete con él cuanto te plazca!

—Pero, Alejandro, tienen razón en lo que te dicen... tienes que negarle la entrada a ese hombre...

—¿Hombre?

—Bueno. Tienes que negarle la entrada al conde de Bordaviella.

—¡Niégasela tú! Cuando no se la niegas es que maldito lo que ha conseguido ganar tu corazón. Porque si hubieras llegado a empezar a interesarte por él, ya le habrías despachado para defenderte del peligro.

—¿Y si estuviese interesada...?

—¡Bueno, bueno...! ¡Ya salió aquello! ¡Ya salió lo de querer darme celos! ¿A mí? ¿Pero cuándo te convencerás, mujer, de que yo no soy como los demás?

*

Cada vez comprendía menos Julia a su marido; pero cada vez se encontraba más subyugada a él y más ansiosa de asegurarse de si le quería o no.

Alejandro, por su parte, aunque seguro de la fidelidad de su mujer, o mejor de que a él, a Alejandro
—¡nada menos que todo un hombre!—, no podía
faltarle su mujer, —¡la suya!— diciéndose: «A esta
pobre mujer le está trastornando la vida de la corte y
la lectura de novelas», decidió llevarla al campo. Y se
fueron a una de sus dehesas.

—Una temporadita de campo te vendrá muy bien
—le dijo—. Eso templa los nervios. Por supuesto, si
es que piensas aburrirte sin tu michino, puedes
invitarle al condezuelo ese a que nos acompañe.
Porque ya sabes que yo no tengo celos y estoy seguro
de ti, de mi mujer.

Allí, en el campo, las cavilaciones de la pobre Julia
se exacerbaron. Aburríase grandemente. Su marido
no la dejaba leer.

—Te he traído para eso, para apartarte de los
libros y cortar de raíz tu neurastenia, antes de que se
vuelva cosa peor.

—¿Mi neurastenia?

—¡Pues claro! Todo lo tuyo no es más que eso. La
culpa de todo ello la tienen los libros.

—¡Pues no volveré a leer más!

—No, yo no exijo tanto... Yo no te exijo nada.
¿Soy acaso algún tirano yo? ¿Te he exigido nunca
nada?

—No. ¡Ni siquiera exiges que te quiera!

—¡Naturalmente, como que eso no se puede exigir!
Y, además, como sé que me quieres y no puedes
querer a otro... Después de haberme conocido y de
saber, gracias a mí, lo que es un hombre, no puedes
ya querer a otro, aunque te lo propusieras. Te lo
aseguro yo... Pero no hablemos de cosas de libros. Ya
te he dicho que no me gustan novelerías. Esas son
bobadas para hablar con condesitos al tomar el té.

Vino a aumentar la congoja de la pobre Julia el
que llegó a descubrir que su marido andaba en torpes
enredos con una criada zafia y nada bonita. Y una

noche, después de cenar, encontrándose los dos solos, la mujer dijo de pronto:

—No creas, Alejandro, que no me he percatado del lío que traes con la Simona...

—Ni yo lo he ocultado mucho. Pero eso no tiene importancia. Siempre gallina, amarga la cocina.

—¿Qué quieres decir?

—Que eres demasiado hermosa para diario.

La mujer tembló. Era la primera vez que su marido la llamaba así, a boca llena: hermosa. Pero, ¿la quería de veras?

—¡Pero con ese pingo!... —dijo Julia por decir algo.

—Por lo mismo. Hasta su mismo desaseo me hace gracia. No olvides que yo casi me crié en un estercolero, y tengo algo de lo que un amigo mío llama la voluptuosidad del pringue. Y ahora, después de este entremés rústico, apreciaré mejor tu hermosura, tu elegancia y tu pulcritud.

—No sé si me estás adulando o insultando.

—¡Bueno! ¡La neurastenia! ¡Y yo que te creía en camino de curación!...

—Por supuesto, vosotros los hombres podéis hacer lo que se os antoje, y faltarnos...

—¿Quién te ha faltado?

—¡Tú!

—¿A eso llamas faltarte? ¡Bah, bah! ¡Los libros, los libros! Ni a mí se me da un pitoche de la Simona, ni...

—¡Claro! ¡Ella es para ti como una perrita, o una gatita, o una mona!

—¡Una mona, exacto; nada más que una mona! Es a lo que más se parece. ¡Tú lo has dicho: una mona! ¿Pero he dejado por eso de ser tu marido?

—Querrás decir que no he dejado yo por eso de ser tu mujer...

—Veo, Julia, que vas tomando talento...

—¡Claro, todo se pega!

—¿Pero de mí, por supuesto, y no del michino?

—¡Claro que de ti!

—Pues bueno; no creo que este incidente rústico te ponga celosa... ¿Celos tú? ¿Tú? ¿Mi mujer? ¿Y de esa mona? Y en cuanto a ella, ¡la doto, y encantada!

—Claro, en teniendo dinero...

—Y con esa dote se casa volando, y le aporta ya al marido, con la dote, un hijo. Y si el hijo sale a su padre, que es nada menos que todo un hombre, pues el novio sale con doble ganancia.

—¡Calla, calla, calla!

La pobre Julia se echó a llorar.

—Yo creí —concluyó Alejandro— que el campo te había curado la neurastenia. ¡Cuidado con empeorar!

A los dos días de esto volvíanse a la corte.

*

Y Julia volvió a sus congojas, y el conde de Bordaviella a sus visitas, aunque con más cautela. Y ya fue ella, Julia, la que, exasperada, empezó a prestar oídos a las venenosas insinuaciones del amigo, pero sobre todo a hacer ostentación de la amistad ante su marido, que alguna vez se limitaba a decir: «Habrá que volver al campo y someterte a tratamiento.»

Un día, en el colmo de la exasperación, asaltó Julia a su marido, diciéndole:

—¡Tú no eres un hombre, Alejandro, no, no eres un hombre!

—¿Quién, yo? ¿Y por qué?

—¡No, no eres un hombre, no lo eres!

—Explícate.

—Ya sé que no me quieres, que no te importa de mí nada; que no soy para ti ni la madre de tu hijo; que no te casaste conmigo nada más que por vanidad, por jactancia, por exhibirme, por envanecerte con mi hermosura, por...

—¡Bueno, bueno; ésas son novelerías! ¿Por qué no soy hombre?

—Ya sé que no me quieres...

—Ya te he dicho cien veces que eso de querer y no querer, y amor, y todas esas andróminas, son conversaciones de té condal o danzante.

—Ya sé que no me quieres...

—Bueno, ¿y qué más?...

—Pero eso de que consientas que el conde, el michino, como tú le llamas, entre aquí a todas horas...

—¡Quien lo consiente eres tú!

—¿Pues no he de consentirlo, si es mi amante? Ya lo has oído, mi amante. ¡El michino es mi amante!

Alejandro permanecía impasible mirando a su mujer. Y ésta, que esperaba un estallido del hombre, exaltándose aún más, gritó:

—¿Y qué? ¿No me matas ahora como a la otra?

—Ni es verdad que maté a la otra, ni es verdad que el michino sea tu amante. Estás mintiendo para provocarme. Quieres convertirme en un Otelo[51]. Y mi casa no es teatro. Y si sigues así, va a acabar todo ello en volverte loca y en que tengamos que encerrarte.

—¿Loca? ¿Loca yo?

—¡De remate! ¡Llegarse a creer que tiene un amante! ¡Es decir, querer hacérmelo creer! ¡Como si mi mujer pudiese faltarme a mí! ¡A mí! Alejandro Gómez no es ningún michino; ¡es nada menos que todo un hombre! Y no, no conseguirás lo que buscas, no conseguirás que yo te regale los oídos con palabras de novelas y de tes danzantes o condales. Mi casa no es un teatro.

---

[51] Mención de *Othello. The Moor of Venice,* de William Shakespeare (1564-1616), fechada, según los especialistas, hacia 1604. Otelo, engañado por las intrigas de Iago, mata a su inocente esposa, Desdémona.

—¡Cobarde! ¡Cobarde! ¡Cobarde! —gritó ya Julia fuera de sí—. ¡Cobarde!

—Aquí va a haber que tomar medidas —dijo el marido.

Y se fue.

*

A los dos días de esta escena, y después de haberla tenido encerrada a su mujer durante ellos, Alejandro la llamó a su despacho. La pobre Julia iba aterrada. En el despacho la esperaban, con su marido, el conde de Bordaviella y otros dos señores.

—Mira, Julia —le dijo con terrible calma su marido—. Estos dos señores son dos médicos alienistas, que vienen, a petición mía, a informar sobre tu estado para que podamos ponerte en cura. Tú no estás bien de la cabeza, y en tus ratos lúcidos debes comprenderlo así.

—¿Y qué haces tú aquí, Juan? —preguntó Julia al conde, sin hacer caso a su marido.

—¿Lo ven ustedes? —dijo éste dirigiéndose a los médicos—. Persiste en su alucinación; se empeña en que este señor es...

—¡Sí, es mi amante! —le interrumpió ella—. Y si no que lo diga él.

El conde miraba al suelo.

—Ya ve usted, señor conde —dijo Alejandro al de Bordaviella—, cómo persiste en su locura. Porque usted no ha tenido, no ha podido tener, ningún género de esas relaciones con mi mujer...

—¡Claro que no! —exclamó el conde.

—¿Lo ven ustedes? —añadió Alejandro volviéndose a los médicos.

—Pero cómo —gritó Julia—, ¿te atreves tú, tú, Juan, tú, mi michino, a negar que he sido tuya?

El conde temblaba bajo la mirada fría de Alejandro, y dijo:

—Repórtese, señora, y vuelva en sí. Usted sabe que nada de eso es verdad. Usted sabe que si yo frecuentaba esta casa era como amigo de ella, tanto de su marido como de usted misma, señora, y que yo, un conde de Bordaviella, jamás afrentaría así a un amigo como...

—Como yo —le interrumpió Alejandro—. ¿A mí? ¿A mí? ¿A Alejandro Gómez? Ningún conde puede afrentarme, ni puede mi mujer faltarme. Ya ven ustedes, señores, que la pobre está loca...

—¿Pero también tú, Juan? ¿También tú, michino? —gritó ella—. ¡Cobarde! ¡Cobarde! ¡Cobarde! ¡Mi marido te ha amenazado, y por miedo, por miedo, cobarde, cobarde, cobarde, no te atreves a decir la verdad y te prestas a esta farsa infame para declararme loca! ¡Cobarde, cobarde, villano! Y tú también, como mi marido...

—¿Lo ven ustedes, señores? —dijo Alejandro a los médicos.

La pobre Julia sufrió un ataque, y quedó como deshecha.

—Bueno; ahora, señor mío —dijo Alejandro dirigiéndose al conde—, nosotros nos vamos, y dejemos que estos dos señores facultativos, a solas con mi pobre mujer, completen su reconocimiento.

El conde le siguió. Ya fuera de la estancia, le dijo Alejandro:

—Con que ya lo sabe usted, señor conde: o mi mujer resulta loca, o les levanto a usted y a ella las tapas de los sesos. Usted escogerá.

—Lo que tengo que hacer es pagarle lo que le debo, para no tener más cuentas con usted.

—No; lo que debe hacer es guardar la lengua. Con que quedamos en que mi mujer está loca de remate y usted es un tonto de capirote. ¡Y ojo con ésta! —y le enseñó una pistola.

Cuando, algo después, salían los médicos del despacho de Alejandro, decíanse:

—Esta es una tremenda tragedia. ¿Y qué hacemos?

—¿Qué vamos a hacer sino declararla loca? Porque, de otro modo, ese hombre la mata a ella y le mata a ese desdichado conde.

—Pero ¿y la conciencia profesional?

—La conciencia consiste aquí en evitar un crimen mayor.

—¿No sería mejor declararle loco a él, a don Alejandro?

—No, él no es loco: es otra cosa.

—Nada menos que todo un hombre, como dice él.

—¡Pobre mujer! ¡Daba pena oírle! Lo que yo me temo es que acabe por volverse de veras loca.

—Pues con declararla tal, acaso la salvamos. Por lo menos se la apartaría de esta casa.

Y, en efecto, la declararon loca. Y con esa declaración fue encerrada por su marido en un manicomio.

*

Toda una noche espesa, tenebrosa y fría, sin estrellas, cayó sobre el alma de la pobre Julia al verse encerrada en el manicomio. El único consuelo que le dejaban es el de que le llevaran casi a diario a su hijito para que lo viera. Tomábalo en brazos y le bañaba la carita con sus lágrimas. Y el pobrecito niño lloraba sin saber por qué.

—¡Ay, hijo mío, hijo mío! —le decía—. ¡Si pudiese sacarte toda la sangre de tu padre!... ¡Porque es tu padre!

Y a solas se decía la pobre mujer, sintiéndose al borde de la locura: «¿Pero no acabaré por volverme de veras loca en esta casa, y creer que no fue sino un sueño y alucinación lo de mi trato con ese infame conde? ¡Cobarde, sí, cobarde, villano! ¡Abandonarme así! ¡Dejar que me encerraran aquí! ¡El michino, sí, el michino! Tiene razón mi marido. Y él, Alejandro, ¿por qué no nos mató? ¡Ah, no! ¡Ésta es más terrible venganza! ¡Matarle a ese villano michino...! No, humillarle, hacerle mentir y abandonarme. ¡Temblaba ante mi marido, sí, temblaba ante él! ¡Ah, es que mi marido es un hombre! ¿Y por qué no me mató? ¡Otelo me habría matado! Pero Alejandro no es Otelo, no es tan bruto como Otelo. Otelo era un moro impetuoso, pero poco inteligente. Y Alejandro... Alejandro tiene una poderosa inteligencia al servicio de su infernal soberbia plebeya. No, ese hombre no necesitó matar a su primera mujer; la hizo morir. Se murió ella de miedo ante él. ¿Y a mí me quiere?»

Y allí, en el manicomio, dio otra vez en trillar su corazón y su mente con el triturador dilema: «¿Me quiere o no me quiere?» Y se decía luego: «¡Yo sí que le quiero! ¡Y ciegamente!»

Y por temor a enloquecer de veras, se fingió curada, asegurando que habían sido alucinaciones lo de su trato con el de Bordaviella. Avisáronselo al marido.

Un día llamaron a Julia adonde su marido la esperaba, en un locutorio. Entró él, y se arrojó a sus pies sollozando:

—¡Perdóname, Alejandro, perdóname!

—Levántate, mujer —y la levantó.

—¡Perdóname!

—¿Perdonarte? ¿Pero de qué? Si me habían dicho que estabas ya curada..., que se te habían quitado las alucinaciones...

Julia miró a la mirada fría y penetrante de su marido con terror. Con terror y con un loco cariño. Era un amor ciego, fundido con un terror no menos ciego.

—Sí, tienes razón, Alejandro, tienes razón; he estado loca, loca de remate. Y por darte celos, nada más que por darte celos, inventé aquellas cosas. Todo fue mentira. ¿Cómo iba a faltarte yo? ¿Yo? ¿A ti? ¿A ti? ¿Me crees ahora?

—Una vez Julia —le dijo con voz de hielo su

marido—, me preguntaste si era o no verdad que yo maté a mi primera mujer, y, por contestación, te pregunté yo a mi vez que si podías creerlo. ¿Y qué me dijiste?

—¡Que no lo creía, que no podía creerlo!

—Pues ahora yo te digo que no creí nunca, que no pude creer que tú te hubieses entregado al michino ése. ¿Te basta?

Julia temblaba, sintiéndose al borde de la locura; de la locura del terror y de amor fundidos.

—Y ahora —añadió la pobre mujer abrazando a su marido y hablándole al oído—; ahora, Alejandro, dime, ¿me quieres?

Y entonces vio en Alejandro, su pobre mujer, por vez primera, algo que nunca antes en él viera; le descubrió un fondo del alma terrible y hermética que el hombre de la fortuna guardaba celosamente sellado. Fue como si un relámpago de luz tempestuosa alumbrase por un momento el lago negro, tenebroso de aquella alma, haciendo relucir su sobrehaz. Y fue que vio asomar dos lágrimas en los ojos fríos y cortantes como navajas de aquel hombre. Y estalló:

—¡Pues no he de quererte, hija mía, pues no he de quererte! ¡Con toda el alma, y con toda la sangre, y con todas las entrañas; más que a mí mismo! Al principio, cuando nos casamos, no. ¿Pero ahora? ¡Ahora, sí! Ciegamente, locamente. Soy yo tuyo más que tú mía.

Y besándola con una furia animal, febril, encendido, como loco, balbuceaba: «¡Julia! ¡Julia! ¡Mi diosa! ¡Mi todo!»

Ella creyó volverse loca al ver desnuda el alma de su marido.

—Ahora quisiera morirme, Alejandro —le murmuró al oído, reclinando la cabeza sobre su hombro.

A estas palabras, el hombre pareció despertar y volver en sí como de un sueño; y como si se hubiese tragado con los ojos, ahora otra vez fríos y cortantes, aquellas dos lágrimas, dijo:

—Esto no ha pasado, ¿eh, Julia? Ya lo sabes; pero yo no he dicho lo que he dicho... ¡Olvídalo!

—¿Olvidarlo?

—¡Bueno, guárdatelo, y como si no lo hubieses oído!

—Lo callaré...

—¡Cállatelo a ti misma!

—Me lo callaré; pero...

—¡Basta!

—Pero, por Dios, Alejandro, déjame un momento, un momento siquiera... ¿Me quieres por mí, por mí, y aunque fuese de otro, o por ser yo cosa tuya?

—Ya te he dicho que lo debes olvidar. Y no me insistas, porque si insistes, te dejo aquí. He venido a sacarte; pero has de salir curada.

—¡Y curada estoy! —afirmó la mujer con brío.

Y Alejandro se llevó su mujer a su casa.

*

Pocos días después de haber vuelto Julia del manicomio, recibía el conde de Bordaviella, no una invitación, sino un mandato de Alejandro para ir a comer a su casa.

«Como ya sabrá usted, señor conde —le decía en una carta—, mi mujer ha salido del manicomio completamente curada; y como la pobre, en la época de su delirio, le ofendió a usted gravemente, aunque sin intención ofensiva, suponiéndole capaz de infamias de que es usted, un perfecto caballero, absolutamente incapaz, le ruega, por mi conducto, que venga pasado mañana, jueves, a acompañarnos a comer, para darle las satisfacciones que a un caballero, como es usted, se le deben. Mi mujer se lo ruega y yo se lo ordeno. Porque si usted no viene ese día a recibir esas

satisfacciones y explicaciones, sufrirá las consecuencias de ello. Y usted sabe bien de lo que es capaz
Alejandro Gómez.»

El conde de Bordaviella llegó a la cita pálido, tembloroso y desencajado. La comida transcurrió en la más lóbrega de las conversaciones. Se habló de todas las mayores frivolidades —los criados delante—, entre las bromas más espesas y feroces de Alejandro. Julia le acompañaba. Después de los postres, Alejandro, dirigiéndose al criado, le dijo: «Trae el té.»

—¿Té? —se le escapó al conde.

—Sí, señor conde —le dijo el señor de la casa—. Y no es que me duelan las tripas, no; es para estar más a tono. El té va muy bien con las satisfacciones entre caballeros.

Y volviéndose al criado: «¡Retírate!»

Quedáronse los tres solos. El conde temblaba. No se atrevía a probar el té.

—Sírveme a mí primero, Julia —dijo el marido—. Y yo lo tomaré antes para que vea usted, señor conde, que en mi casa se puede tomar todo con confianza.

—Pero si yo...

—No, señor conde; aunque yo no sea un caballero, ni mucho menos, no he llegado aún a eso. Y ahora mi mujer quiere darle a usted unas explicaciones.

Alejandro miró a Julia, y ésta, lentamente, con voz fantasmática, empezó a hablar. Estaba espléndidamente hermosa. Los ojos le relucían con un brillo como de relámpago. Sus palabras fluían frías y lentas, pero se adivinaba que por debajo de ellas ardía un fuego consumidor.

—He hecho que mi marido le llame, señor conde —dijo Julia—, porque tengo que darle una satisfacción por haberle ofendido gravemente.

—¿A mí, Julia?

—¡No me llame usted Julia! Sí, a usted. Cuando me puse loca, loca de amor por mi marido, buscando a toda costa asegurarme de si me quería o no, quise tomarle a usted de instrumento para excitar sus celos, y en mi locura llegué a acusarle a usted de haberme seducido. Y eso fue un embuste, y habría sido una infamia de mi parte si yo no hubiese estado, como estaba, loca. ¿No es así, señor conde?

—Sí, así es, doña Julia...

—Señora de Gómez —corrigió Alejandro.

—Lo que le atribuí a usted, cuando le llamábamos mi marido y yo el michino..., ¡perdónenoslo usted!

—¡Por perdonado!

—Lo que le atribuí entonces fue una acción villana e infame, indigna de un caballero como usted...

—¡Muy bien —agregó Alejandro—, muy bien! Acción villana e infame, indigna de un caballero; ¡muy bien!

—Y aunque, como le repito, se me puede y debe excusar en atención a mi estado de entonces, yo quiero, sin embargo, que usted me perdone. ¿Me perdona?

—Sí, sí; le perdono a usted todo; les perdono a ustedes todo —suspiró el conde más muerto que vivo y ansioso de escapar cuanto antes de aquella casa.

—¿A ustedes? —le interrumpió Alejandro— A mí no me tiene usted nada que perdonar.

—¡Es verdad, es verdad!

—Vamos, cálmese —continuó el marido—, que le veo a usted agitado. Tome otra taza de té. Vamos, Julia sírvele otra taza al señor conde. ¿Quiere usted tila en ella?

—No..., no...

—Pues bueno, ya que mi mujer le dijo lo que tenía que decirle, y usted le ha perdonado su locura, a mí no me queda sino rogarle que siga usted honrando nuestra casa con sus visitas. Después de lo pasado, usted comprenderá que sería de muy mal efecto que interrumpiéramos nuestras relaciones. Y ahora que mi mujer está ya, gracias a mí, completamente curada, no corre usted ya peligro alguno con venir acá. Y en prueba de mi confianza en la total curación de mi mujer, ahí les dejo a ustedes dos solos, por si ella quiere decirle algo que no se atreve a decírselo delante de mí, o que yo, por delicadeza, no deba oír.

Y se salió Alejandro, dejándolos cara a cara y a cuál de los dos más sorprendidos de aquella conducta. «¡Qué hombre!», pensaba él, el conde, y Julia: «¡Éste es un hombre!»

Siguióse un abrumador silencio. Julia y el conde no se atrevían a mirarse. El de Bordaviella miraba a la puerta por donde saliera el marido.

—No —le dijo Julia—, no mire usted así; no conoce usted a mi marido, a Alejandro. No está detrás de la puerta espiando lo que digamos.

—¡Qué sé yo...! Hasta es capaz de traer testigos...

—¿Por qué dice usted eso, señor conde?

—¿Es que no me acuerdo de cuando trajo a los dos médicos en aquella horrible escena en que me humilló cuanto más se puede y cometió la infamia de hacer que la declarasen a usted loca?

—Y así era la verdad, porque si no hubiese estado yo entonces loca, no habría dicho, como dije, que era usted mi amante...

—Pero...

—¿Pero qué, señor conde?

—¿Es que quieren ustedes declararme a mí loco o volverme tal? ¿Es que va usted a negarme, Julia...?

—¡Doña Julia o señora de Gómez!

—¿Es que va usted a negarme, señora de Gómez, que, fuese por lo que fuera, acabó usted, no ya sólo aceptando mis galanteos...; no, galanteos, no; mi amor...?

—¡Señor conde...!

—¿Que acabó, no sólo aceptándolos, sino que era usted la que provocaba y que aquello iba...?

—Ya le he dicho a usted, señor conde, que estaba entonces loca, y no necesito repetírselo.

—¿Va usted a negarme que empezaba yo a ser su amante?

—Vuelvo a repetirle que estaba loca.

—No se puede estar ni un momento más en esta casa. ¡Adiós!

El conde tendió la mano a Julia, temiendo que se la rechazaría. Pero ella se la tomó y le dijo:

—Con que ya sabe usted lo que le ha dicho mi marido. Usted puede venir acá cuando quiera, y ahora que estoy yo, gracias a Dios y a Alejandro, completamente curada, curada del todo, señor conde, sería de mal efecto que usted suspendiera sus visitas.

—Pero, Julia...

—¿Qué? ¿Vuelve usted a las andadas? ¿No le he dicho que estaba entonces loca?

—A quien le van a volver ustedes loco, entre su marido y usted, es a mí...

—¿A usted? ¿Loco a usted? No me parece fácil...

—¡Claro! ¡El michino!

Julia se echó a reír. Y el conde, corrido y abochornado, salió de aquella casa decidido a no volver más a ella.

*

Todas estas tormentas de su espíritu quebrantaron la vida de la pobre Julia, y se puso gravemente enferma, enferma de la mente. Ahora sí que parecía de veras que iba a enloquecer. Caía con frecuencia en delirios, en los que llamaba a su marido con las más ardientes y apasionadas palabras. Y el hombre se entregaba a los transportes dolorosos de su mujer procurando calmarla. «¡Tuyo, tuyo, tuyo, sólo tuyo y nada más que tuyo!», le decía al oído, mientras ella, abrazada a su cuello, se lo apretaba casi a punto de ahogarlo.

La llevó a la dehesa a ver si el campo la curaba. Pero el mal la iba matando. Algo terrible le andaba por las entrañas.

Cuando el hombre de fortuna vio que la muerte le iba a arrebatar su mujer, entró en un furor frío y persistente. Llamó a los mejores médicos. «Todo era inútil», le decían.

—¡Sálvemela usted! —le decía al médico.

—¡Imposible, don Alejandro, imposible!

—¡Sálvemela usted, sea como sea! ¡Toda mi fortuna, todos mis millones por ella, por su vida!

—¡Imposible, don Alejandro, imposible!

—¡Mi vida, mi vida por la suya! ¿No sabe usted hacer eso de la transfusión de la sangre? Sáqueme toda la mía y désela a ella. Vamos, sáquemela.

—¡Imposible, don Alejandro, imposible!

—¿Cómo imposible? ¡Mi sangre, toda mi sangre por ella!

—¡Sólo Dios puede salvarla!

—¡Dios! ¿Dónde está Dios? Nunca pensé en Él.

Y luego a Julia, su mujer pálida, pero cada vez más hermosa, hermosa con la hermosura de la inminente muerte, le decía:

—¿Dónde está Dios, Julia?

Y ella, señalándoselo con la mirada hacia arriba, poniéndosele con ello los grandes ojos casi blancos, le dijo con una hebra de voz:

—¡Ahí le tienes!

Alejandro miró el crucifijo, que estaba a la cabecera de la cama de su mujer, lo cogió y, apretándolo en el puño, le decía: «Sálvemela, salvámela y pídeme todo, todo, todo; mi fortuna toda, mi sangre toda, yo todo... todo yo.»

Julia sonreía. Aquel furor ciego de su marido le estaba llenando de una luz dulcísima el alma. ¡Qué feliz era al cabo! ¿Y dudó nunca de que aquel hombre la quisiese?

Y la pobre mujer iba perdiendo la vida gota a gota.

Estaba marmórea y fría. Y entonces el marido se acostó con ella y la abrazó fuertemente, y quería darle todo su calor, el calor que se le escapaba a la pobre. Y le quiso dar su aliento. Estaba como loco. Y ella sonreía.

—Me muero, Alejandro, me muero.

—¡No, no te mueres —le decía él—, no puedes morirte!

—¿Es que no puede morirse tu mujer?

—No; mi mujer no puede morirse. Antes me moriré yo. A ver, que venga la muerte, que venga. ¡A mí! ¡A mí la muerte! ¡Que venga!

—¡Ay, Alejandro, ahora lo doy todo por bien padecido...! ¡Y yo que dudé de que me quisieras...!

—¡Y no, no te quería, no! Eso de querer, te lo he dicho mil veces, Julia, son tonterías de libros. ¡No te quería, no! ¡Amor..., amor! Y esos miserables cobardes, que hablan de amor, dejan que se les mueran sus mujeres. No, no es querer... No te quiero...

—¿Pues qué? —Preguntó Julia con la más delgada hebra de su voz, volviendo a ser presa de su vieja congoja.

—No, no te quiero... ¡Te... te... te..., no hay palabra! —estalló en secos sollozos, en sollozos que parecían un estertor, un estertor de pena y de amor salvaje.

—¡Alejandro!

Y en esta débil llamada había todo el triste júbilo del triunfo.

—¡Y no, no te morirás; no te puedes morir; no quiero que te mueras! ¡Mátame, Julia, y vive! ¡Vamos, mátame, mátame!

—Sí, me muero...

—¡Y yo contigo!

—¿Y el niño, Alejandro?

—Que se muera también. ¿Para qué le quiero sin ti?

—Por Dios, por Dios, Alejandro, que estás loco...

—Sí yo, yo soy el loco, yo el que estuve siempre loco..., loco de ti, Julia, loco por ti... Yo, yo el loco. ¡Y mátame, llévame contigo!

—Si pudiera...

—Pero no, mátame y vive, y sé tuya...

—¿Y tú?

—¿Yo? ¡Si no puedo ser tuyo, de la muerte!

Y la apretaba más y más, queriendo retenerla.

—Bueno, y al fin, dime, ¿quién eres, Alejandro? —le preguntó al oído Julia.

—¿Yo? ¡Nada más que tu hombre... el que tú me has hecho!

Este nombre sonó como un susurro de ultramuerte, como desde la ribera de la vida, cuando la barca parte por el lago tenebroso.

Poco después sintió Alejandro que no tenía entre sus brazos de atleta más que un despojo. En su alma era noche cerrada y arrecida. Se levantó y quedóse mirando a la yerta y exánime hermosura. Nunca la vio tan espléndida. Parecía bañada por la luz del alba eterna de después de la última noche. Y por encima de aquel recuerdo en carne ya fría sintió pasar, como una nube de hielo, su vida toda, aquella vida que ocultó a todos, hasta a sí mismo. Y llegó a su niñez terrible y a cómo se estremecía bajo los despiadados golpes del que pasaba por su padre, y cómo maldecía de él, y cómo una tarde, exasperado, cerró el puño, blandiéndolo, delante de un Cristo de la iglesia de su pueblo.

Salió al fin del cuarto, cerrando tras sí la puerta. Y buscó al hijo. El pequeñuelo tenía poco más de tres años. Lo cogió el padre y se encerró con él. Empezó a besarlo con frenesí. Y el niño, que no estaba hecho a los besos de su padre, que nunca recibiera uno de él, y que acaso adivinó la salvaje pasión que los llenaba, se echó a llorar.

—¡Calla, hijo mío, calla! ¿Me perdonas lo que voy a hacer? ¿Me perdonas?

El niño callaba, mirando despavorido al padre, que buscaba en sus ojos, en su boca, en su pelo, los ojos, la boca, el pelo de Julia.

—¡Perdóname, hijo mío, perdóname!

Se encerró un rato en arreglar su última voluntad. Luego se encerró de nuevo con su mujer, con lo que fue su mujer.

—Mi sangre por la tuya —le dijo, como si le oyera, Alejandro—. La muerte te llevó. ¡Voy a buscarte!

Creyó un momento ver sonreír a su mujer y que movía los ojos. Empezó a besarla frenéticamente por si así la resucitaba, a llamarla, a decirle ternezas terribles al oído. Estaba fría.

Cuando más tarde tuvieron que forzar la puerta de la alcoba mortuoria, encontráronlo abrazado a su mujer y blanco del frío último, desangrado y ensangrentado.

Salamanca, abril de 1916.